200가지 고민에 대한

마법의 명언

200가지 고민에 대한

마법의 명언

이 서 희 펴 냄

RITEC
CONTENTS

contents

Worry C 거의 모든 고민은 시간과 함께 사라집니다

Worry D 마음을 두지 않는다면 걱정과 불안은 생기지 않습니다

좋은 명언 한 줄이 열 권의 책보다 낫다!

    수많은 경험을 했어도 우리는 어려운 상황을 맞닥뜨리면 어떻게 해야 할지 고민하게 됩니다. 고민하는 과정이 힘들다는 것은 바로 경험하고 있는 지금의 상황에서 어떤 것이 필요한지를 정확하게 알지 못한다는 것을 의미합니다.

    우리는 때때로 어떻게 상황을 해결해야 할지, 어떤 식으로 행동해야 할지 고민만 하다 걱정의 늪에 빠져 상황을 제대로 헤쳐 나오지 못하는 경험을 하게 됩니다. 이러한 경험을 하는 이유는 바로 각각의 상황 속에서 필요한 것들이 어떤 것인지 정리해둔 것들이 없기 때문입니다.

    만약 내가 필요할 때마다 적절한 교훈을 주고 방향을 알려주는 사람이 있다면, 우리는 고난이나 역경을 조금 더 쉽게 헤쳐 나갈 수 있을 것입니다. 그러나 주위에 이런 사람이 실제로 존재하기는 매우 어렵습니다. 특히 포스트 코로나 시대를 맞이하면서 우리는 비대면으로 인간관계를 많이 가지게 되었습니다. 그러면서 실제로 사람을 만나 조언을 듣는 것이 매우 힘들어졌습니다.

그렇기에 포스트 코로나 시대는 글을 통해 다른 사람들의 이야기를 듣고 자신의 상황에 맞는 것들을 찾는 과정이 그 어느 때보다도 중요한 시기라고 할 수 있습니다. 다른 사람의 경험을 글로 읽는 것을 통해 우리는 인생을 살아가면서 필요한 것들을 얻을 수 있습니다.

〈톰 소여의 모험〉과 〈허클베리 핀의 모험〉으로 유명한 작가 마크 트웨인은 우연히 종잇조각을 하나 줍게 되면서 소설가를 꿈꿨다고 합니다. 그 종잇조각은 〈잔 다르크 전〉의 일부였는데, 14세의 어린 인쇄공이던 그는 처음 읽은 몇 문장에서 전율을 느껴 소설가가 되기로 결심하였고 마침내 그 꿈을 이루게 되었다고 합니다.

저와 마크 트웨인이 한마디의 글로 인생의 터닝포인트를 경험하여 이전보다 조금 더 나은 삶을 사는 것처럼 여러분도 이 책 속에 담긴 명언을 통해 인생의 터닝포인트를 경험하였으면 합니다.

저는 5년 전 "책속의 처세"라는 필명으로 이 책을 출간하였는데, 그동안 책이 재판을 거듭하면서 독자님들 호응이 뜨거워 다시 리뉴얼하게 되었습니다. 인생이라는 거대한 항해를 할 때에, 위대한 현자들의 명언이 독자들의 삶에 있어 귀한 나침반이 되기를 바랍니다.

이서희

Worry A
걱정인형의 고민들

걱정의 40%는 절대 현실로 일어나지 않으며,
걱정의 30%는 이미 일어난 일에 대한 것입니다.
걱정의 22%는 사소한 고민이고,
걱정의 4%는 우리 힘으로는 어쩔 도리가 없는
일에 대한 것입니다.
마지막으로 걱정의 4%는 우리가 바꿔놓을 수 있는
일에 대한 것이랍니다.

W 001

주인공이 되려면 조연을 자처하는 것이
현명하다는 명언 4가지

요즘은 상대를 낮추면서 자신을 올리려고 하는 사람이 많습니다. 하지만 누군가에게 상처를 준다면 결국 그 상처는 나에게 돌아올 것이며, 누군가에게 희망을 준다면 그 희망은 결국 나의 희망이 될 것임을 명심하세요.

- 적을 만들기 원한다면 내가 그들보다 잘났다는 것을 주장하면 된다. 그러나 친구를 얻고 싶다면 그가 나보다 뛰어나다는 것을 느끼도록 해 주어라.　　　　　　　　　　　　　　　　　　　　　　　　 －라로슈코프

- 사람은 남을 칭찬함으로써 자기가 낮아지는 것이 아니다. 도리어 자기를 상대방과 같은 위치에 놓는 것이 된다.　　　　　　　 －요한 괴테

- 실력 있는 사람이 겸손한 사람이 되는 것은 굉장히 어려운 일임이 틀림없습니다. 하지만 자신을 뽐내기보다 겸손하고 상대방을 빛나게 해 주는 사람이 된다면 더욱더 큰 사람이 될 수 있지 않을까요.　 －작자 미상

- 자신을 높이 올리고 싶다면 남을 높이 올려 주어라.　 －부커 워싱턴(교육가)

모방하는 삶을 살필요가 없다는 명언 4가지

자신에게 물어 보세요. 내 마음속에는 다른 사람들에게서 배운 것과는 다른 무엇인가가 없는지. 내 생각이나 일상에서 아주 자연스럽게 생각했던 것들이지만, 다른 사람들이 생각하는 것과는 다른 것이 없는지. 지금까지 배우고 모방해왔던 것들을 털어버리고, 자기 생각을 소중하게 표현하는 시간을 가져 보도록 하세요.

- 타인의 위엄에 눌려 그를 모방하지 마라. 어떤 사람이든 자신만큼 그 일을 잘 알지도 잘 처리하지도 못한다.
  −로버트 H. 슐러

- 타고난 남의 흉내는 항상 잘 안 되는 법이다. 꾸며대어 장식하고 있지 않을 때 사람을 기쁘게 하는 것도 유사품(類似品)의 경우는 오히려 사람을 불유쾌하게 만든다.
  −라 로슈푸코

- 우리들 각자는 소신껏 행동하고 남을 모방하여 행동해서는 안 될 것이다.
  −발타사르 그라시안

- 자기 생각을 주장하라. 결코, 남의 흉내를 내지 마라. 자신이 타고난 재능은 그동안 쌓아 온 능력과 함께 발휘해 보라. 다른 사람의 재능을 따라 하는 것은 일시적인 것이다. 각자가 어떤 능력을 발휘할 수 있을지는 신만이 안다.
  −랠프 왈도 에머슨

때로는 체념할 때도 있어야 한다는 명언 4가지

✒ 어느 것도 체념하지 않는 자는 어느 것도 해낼 수 없습니다. 양 손에 떡을 쥐고 있으면서 접시 위의 떡을 집을 수 없지요. 한쪽 손의 떡을 내려 놓으면 더 큰 떡을 손에 쥘 수 있습니다. 때로는 포기할 줄 아는 사람이 더 큰 깨달음을 얻을 수 있다는 사실을 명심하세요.

• 어느 누구도 이 세상에서 최고의 존재가 된다는 것은 불가능하다. 그렇기 때문에 어느 정도 운명에 대한 체념이 있어야 한다.　　　－이솝

• 어느 정도 성공한 사람이 어떤 실수나 실패로 몸을 망치는 것은 그 실수나 실패에 대해서 너무 상심하기 때문이다. 그런 일은 곧 마음에서 떨쳐버리는 것이 좋다. 때로는 체념이 행복의 중요한 조건임을 잊어서는 안 된다.　　　－버트랜드 러셀

• 인생을 일장춘몽(一場春夢)이라고 생각하는 것은 일종의 체념이다. 대개 이와 같은 생각은 과거의 어떤 실패로 인하여 현재의 자기 위치를 낮추는 것을 의미한다. 인생을 아무렇게나 되라고 하고 내던져 버릴 수는 없다. 그것은 자기 학대다. 적극적인 체념은 언제나 어제의 실패를 오늘의 출발점으로 삼는 법이다.　　　－버트랜드 러셀

• 깨끗한 체념은 인생길을 나서는 준비에 무엇보다 중요하다.
　　　－쇼펜하우어

초심을 잃었다면 읽어볼 만한 명언 4가지

언제나 초심자와 같은 마음가짐으로 매 순간을 새롭고 신선하게 인식할 때 우리는 비로소 행복한 경지를 맛볼 수 있습니다. 피어오르는 존재의 큰 기쁨은 초심에서부터 나옵니다. 지루한 일상의 시간을 행복한 순간으로 바꾸고 싶다면 초심으로 돌아가는 것은 어떤가요?

- 길이 막혔다면 원점으로 돌아가라. 미로에서 헤매느라 실마리를 찾지 못할 때는 초심으로 돌아가는 것이 뜻밖에 색다른 발견을 가져다줄 수도 있다.

  —쿠니시 요시히코

- 세상에 왕도란 없다. 좋은 술자(術者)가 되는 길에도 왕도는 없다. 만일 있다면 초심을 잃지 않는 마음가짐과 기본과 원칙을 지키려는 굳은 의지뿐이다.

  —김남수

- 성취는 자신의 노력으로 얻은 자산이다. 자산을 지키고 운용하는 것도 도전만큼이나 어려운 과제이다. 초심을 잃지 않고 자신에게 재투자할 때 더 높은 삶에 도전할 수 있다.

  —홍수환

- 잘될 때는 자칫 방심해서 큰 그림부터 그리기 쉽다. 하지만 망하는 것은 순간이다. 그래서 언제나 초심을 잃지 않고 어떤 상황에서도 내가 감당할 수 있는 작은 그림부터 그리려고 노력한다.

  —장성덕

융통성과 유연한 태도의 필요성을 알려 주는 명언 4가지

야구에서 좋은 포수는 직구와 변화구를 적절히 선별하여 투수에게 요구할 수 있어야 합니다. 사람 역시 인생을 살아가는 태도로서 주체성과 융통성이 조화로워야 하지요. 유연한 태도를 일깨워 주는 다음의 명언들을 가슴 속에 심어 보는 것은 어떨까요?

- 몸가짐은 너무 결백하게 할 일이 아니니 모든 욕됨과 때 묻음을 용납할 수 있어야 하고, 남과 사귐에는 너무 분명하지 말아야 하나니, 모든 선악(善惡)과 현우(賢愚)를 받아들일 수 있어야 하니라. ─채근담

- 우리는 언제나 세상을 바라보는 안목을 바꿀 준비가 되어 있어야 하며, 편견을 버릴 준비가 되어 있어야 하며, 마음을 열고 살아갈 준비가 되어 있어야만 한다. 바람의 변화를 전혀 고려하지 않고 똑같이 항해하는 선장은 결코 항구에 들어가지 못하는 법이다. ─헨리 조지

- 사물의 상황이 달라지면 거기에 대처하는 준비도 바꾸지 않으면 안 된다. 지나간 최상의 방법이 지금에 와서까지 최상의 방법이라 할 수가 없게 되는 것이다. ─한비자

- 정해진 해결법 같은 것은 없다. 인생에 있는 것은 진행 중의 힘뿐이다. 그 힘을 만들어 내야 하는 것이다. 그것만 있으면 해결법 따위는 저절로 알게 되는 것이다. ─앙투안 드 생텍쥐페리

나 자신에게 질문을 던져 볼 필요가 있다는 명언 4가지

살면서 스스로 질문을 해 본 적이 있나요? 한 번쯤은 자기 자신에게 질문을 던지고 답을 찾으려는 노력을 해야 할 때가 있습니다. 다음 명언들과 함께 지금 이 순간 스스로 하고 싶었던 질문을 해 보는 시간을 가져 보도록 하세요.

• 세 가지 질문. 첫째는 가장 중요한 사람은 누구인가? 둘째는 가장 중요한 일이 무엇인가? 셋째는 가장 소중한 시간은 언제인가?

–레프 톨스토이

• 단 하나의 질문이 당신의 인생을 바꿔놓을 수도 있다.

–미하이 칙센트미하이

• 우리는 삶의 모든 측면에서 항상 '내가 가치 있는 사람일까?' '내가 무슨 가치가 있을까?' 라는 질문을 끊임없이 던지곤 합니다. 하지만 저는 우리가 날 때부터 가치 있다고 생각합니다.

–오프라 윈프리

• 나는 누구인가? 스스로 물으라. 자신의 속 얼굴이 드러나 보일 때까지 묻고, 묻고, 또 물어야 한다. 건성으로 묻지 말고, 목소리 속의 목소리로 귓속의 귀에 대고 간절하게 물어야 한다. 해답은 그 물음 속에 있다.

–법정 스님

W 007

뿌리부터 튼튼히 다져야할
필요가 있다는 명언 5가지

✒ 건물에서 가장 견고한 돌은 기초를 이루는 가장 밑에 있는 돌이라고 합니다. 앞으로 나의 소중한 인생을 튼튼한 건물처럼 세우기 위해 좋은 주춧돌을 놓아 보세요. 다음 명언들이 주춧돌을 찾는 조언을 해 줄 테니까요.

• 근원이 깨끗하고 맑으면 그 흐름도 깨끗하고 맑다. 근원이 흐리고 탁하면 그 흐름도 흐리고 탁하다. 모든 것은 근본을 바르게 해야 하는 것이다. 위가 바르면 아래는 저절로 바르게 되는 것이다.　　　　　　　－순자

• 근본이 상하게 되면 거기에 따라서 가지도 죽게 된다. 먼저 근본을 튼튼히 해야 한다.　　　　　　　　　　　　　　　　　　　　－공자

• 문제는 본질이다. 본질적인 것이 변화되지 않는 한 나머지 잡다한 것들은 달라지더라도 단지 외양만 바꾼 것일 뿐이다.　　　　　－유동범

• 뿌리 깊은 나무는 바람에 아니 움직일세, 꽃 좋고 열매 많나니.

　　　　　　　　　　　　　　　　　　　　　　－〈용비어천가〉 中

• 기둥이 약하면 집이 흔들리듯, 의지가 약하면 생활도 흔들린다.

　　　　　　　　　　　　　　　　　　　　　－랠프 왈도 에머슨

200가지 고민에 대한 마법의 명언

사귀지 말아야할 벗의 유형을 알려 주는 명언 4가지

📝 벗을 선택할 때에는 특히 조심해야 합니다. 세상에는 전염병과도 같은 사람이 있으니까요. 당신의 벗은 당신에게 어떤 존재인가요? 또 당신은 벗에게 어떤 존재인가요?

- 유익한 벗이 세 가지 있고, 해로운 벗이 세 가지 있다. 정직한 사람을 벗 삼고, 진실한 사람을 벗 삼고, 견문이 많은 사람을 벗으로 삼으면 유익하다. 그러나 형식만 차리는 사람, 대면할 때만 좋아하는 사람, 말 재주만 있는 사람을 벗으로 삼으면 해롭다. ─공자

- 자기 부모를 공경할 줄 모르는 자와는 친구로 사귀지 마라. 그는 인간의 첫걸음을 벗어났기 때문이다. ─소크라테스

- 적이 한 사람도 없는 사람을 친구로 삼지 마라. 그는 중심이 없고 믿을 만한 가치가 없는 사람이다. 차라리 분명한 선을 갖고 반대자를 가진 사람이 마음에 뿌리가 있고 믿음직한 사람이다. ─알프레드 테니슨

- 어떤 벗이 참된 벗인지 아닌지를 알아보려면, 진지한 원조와 막대한 희생을 해야 하는 경우가 제일 좋지만, 그 다음으로 좋은 기회는 방금 닥친 불행을 벗에게 알리는 순간이다. ─쇼펜하우어

중심을 파악해 우선순위를 정해야한다는 명언 4가지

✒ 성공하는 삶의 핵심은 소중한 것을 먼저 한다는 것입니다. 실제로 대부분 주요목 표가 달성되지 못하는 이유는 소중하지 않은 것을 먼저 하는 데 시간을 쓰기 때문이 지요. 지금 당신은 무엇을 우선순위로 두고 있나요?

• 비록 사용할 수 있는 시간이 10분밖에 안 되더라도 우선순위를 설정 하라.　　　　　　　　　　　　　　　　　　　　　－로타르 J. 자이브레트

• 곧장 요점으로 날아가는 날개를 달아라. 사소한 문제에 매달리면 결 국 큰 손해를 보고 만다.　　　　　　　　　　　　　　　　－이드리스 샤흐

• 먼저 당신이 원하는 것을 결정하라. 그리고 그것을 이루기 위해 당신 이 기꺼이 바꿀 수 있는 것이 무엇인지 결정하라. 그다음에는 그 일들 의 우선순위를 정하고 곧바로 그 일에 착수하라.　　　　　－H. L. 린트

• 지혜로운 사람은 우둔한 사람이 가장 나중에 하는 일을 즉시 해치 운다.　　　　　　　　　　　　　　　　　　　　　　－발타사르 그라시안

단순하게 살 것을 제안하는
명언 4가지

🖋 참으로 중요한 일에 종사하고 있는 사람은 그 생활이 단순합니다. 그들은 쓸데없는 일에 마음을 쓸 겨를이 없기 때문이지요. 자신에게 소중하고 중요하다고 생각되는 일들을 위해서 우리의 삶을 좀 더 단순하게 만들어 보는 것은 어떨까요?

• 인생은 본시 단순한 것이다. 그런데 사람들은 인생을 자꾸 복잡하게 만들려고 한다.
　　　　　　　　　　　　　　　　　　　　　　　　　　　　　　－공자

• 단순하게 산다는 것은 정말 소중한 것을 위해서 덜 소중한 것을 덜어 내는 것이다.
　　　　　　　　　　　　　　　－한근태, 「일생에 한번은 고수를 만나라」 中

• "삶을 단순화하라" 불필요한 것들은 과감하게 정리하고 자신이 정말 잘할 수 있는 딱 한 가지에 집중하라.
　　　　　　　　　　　　－수영·전성민, 「삶은 속도가 아니라 방향이다」 中

• 단순함을 얻기란 복잡함을 얻기보다 어렵습니다. 무언가를 단순하게 만들기 위해서는 당신의 생각을 깔끔히 정리해야 합니다. 이 과정은 어렵지만, 한 번 이를 거치면 당신은 무엇이든 할 수 있습니다.

　　　　　　　　　　　　　　　　　　　　　　　　　　　　－스티브 잡스

때로는 비난도 달게 들어야한다는 명언 3가지

나를 반대하는 사람은 성공을 돕는 한쪽 손입니다. 반대자의 공로는 누구도 대신할 수 없습니다. 반대하는 사람이 없으면 위대한 일을 이룰 수 없습니다. 지난날을 돌이켰을 때 가장 감사해야 할 사람은 당신을 반대한 사람이고, 당신이 가장 용서해야 할 사람도 반대자임을 명심하세요.

• 우리들의 적이 때로는 친한 벗보다 유익할 경우가 있다. 친구는 언제나 우리들의 실수를 묵인해 주지만, 적은 항상 우리의 죄를 들추어내며 우리를 긴장하게 만들기 때문이다. 결코 적의 비판을 가벼이 여기지 마라.

　　　　　　　　　　　　　　　　　　　　　　　　　–레프 톨스토이

• 듣기 싫은 소리를 하는 사람에게 보너스를 듬뿍 주어라. 당신이 하는 투자 중에서 가장 현명한 투자가 될 수 있다.

　　　　　　　　　　　　　　　　　　　　　　　　　–로버트 맥매스

• 비난이 칭찬보다 안전하다. 하나부터 열까지 나에게 불리한 말을 듣는 동안에는 성공할 것 같은 확신이 든다. 그러나 꿀처럼 달콤한 칭찬의 말을 들으면 아무런 대책 없이 적 앞에 나선 사람처럼 느껴진다. 우리가 굴하지 않는 한, 모든 해악은 은인과 같다. 칭찬의 유혹에 저항하는 만큼 우리의 힘은 강해진다.

　　　　　　　　　　　　　　　　　　　　　　　　　–랠프 왈도 에머슨

게으른 습관을 뿌리치는 행동지침에 관한 명언 3가지

🖋 헤르만 헤세는 "우리가 인생을 한곳에 묶어두고 거기에 친숙해지는 순간 무기력감이 우리를 덮쳐온다. 언제나 떠나고 방황할 자세가 된 사람만이 '습관'이라는 마비상태에서 벗어날 수 있다."고 하였습니다. 당신도 게으른 습관에서 벗어나고 싶지 않나요?

- 지루할 때는 스스로 일거리를 찾아내라. 철이 쓰지 않음으로 녹슬고 물은 흐르지 않음으로 썩는 것처럼 활동하지 않음은 의욕을 사멸시킨다.

  —빈스

- '해야 한다면 바로 하라.' 이것은 성공을 위한 조언이다. 미루는 습관을 고치는 유일한 방법은 일이 있는 그때 즉시 몸을 움직여 하는 것이다. 1분씩 자꾸 미루다 보면 그 일을 처리하기 힘든 시간이 1분씩 늘어가는 것과 같다.

  —수춘리(SuChunLi)

- 일을 많이 하는 사람은 더 높은 자리로 승진될 가능성이 크다. 게으름을 피우는 청년은 빨리 자기가 적당주의자임을 절실히 깨달아야 한다. 왜냐하면, 그는 일관성 있게 노력하지 아니하면 절대로 높은 자리로 승진될 수가 없기 때문이다. 그리고 행운이나 기회가 생겨 그가 어떤 높은 자리에 앉게 되었다고 해도, 게으름을 버리지 않으면 그는 그 자리에 오래 앉아 있을 수가 없기 때문이다. 지도자들은 자리에 앉아 있는 시간이 거의 없다는 사실을 명심하라.

  —제임스 키본스

느림의 미학을 강조하는
명언 3가지

✒ 인생을 살아가면서 조급해하지 마세요. 속도를 줄이고 인생을 즐기세요. 너무 빨리 가다 보면 놓치는 것은 주위 경관뿐이 아닙니다. 어디로, 왜 가는지도 모르게 될 수도 있거든요. 때로는 느림의 미학을 즐기며 인생을 살아가는 것도 좋은 방법이 될 거예요.

• 더 빠름이 빠름을 이기고 느림이 더 빠름을 이기고 더 느림이 느림을 이긴다. 즉 속도는 상대적인 것이며, 예를 들어 일을 할 때야 미친 듯이 빠르게 해야 하지만 쉴 때는 아무런 긴장 없이 아주 느리게 휴식을 취해야 한다. 이러한 조화가 바로 속도에 대한 개념을 명확히 아는 것이다.

–김종래

• 사람이 아무리 느리게 걸어 다니며 본다 해도, 세상에는 늘 사람이 볼 수 있는 것보다 더 많은 것이 있다. 빨리 간다고 해서 더 잘 보는 것은 아니다. 진정으로 귀중한 것은 생각하고 보는 것이지 속도가 아니다.

–알랭 드 보통, 「여행의 기술」 中

• 느림의 정도는 기억의 정도에 정비례한다. 빠름의 정도는 망각의 강도에 정비례한다.

–밀란 쿤데라

나의 미숙함, 서투름에 실망할 때 보면 좋은 명언 4가지

누구나 첫 시작은 미숙하며 서투를 수밖에 없습니다. 지금 당장 완벽하지 못하다고 생각하여 자신을 자책하면서 그 자리에 머무르지 마세요. 서투름을 인정하고 앞으로 나아가기 위한 노력이 동반될 때 진정한 성장이 이뤄질 테니까요.

- 서투르다는 말을 언제까지나 듣고 사는 사람은 없다. 서툰 경험이 쌓이고 쌓이다 보면 능숙해진다. —나카타니 아키히로(작가)

- 누구나 그래. 너만 그런 거 아냐. 정신없이 흔들리고 실수하고 하지만 언제 그랬냐는 듯이 웃어. 청춘은 원래 그래. 미숙해서 아름다워. —정민선, 「어떻게 숨길까, 지금 내 마음을」中

- '오늘은 누구에게나 처음이고, 내일은 아무도 모른다.' 라는 말처럼 시작은 모두가 서툴죠. 서투름은 능숙함의 전 단계일 뿐, 전혀 다른 길에 놓인 낭떠러지가 아니에요. 당연히 거쳐야 하는 시점에 선 당신, 발 돌려 주저앉진 말아요. —라디오, 〈유인나의 볼륨을 높여요〉中

- 미숙하다는 것은 아직 우리가 성장하고 있다는 증거이다. 그러나 무르익자마자 부패는 시작된다. —레이 크록

'꿈을 품어라!' 당신의 미래를 응원하는 명언 11가지

🖋 혹시 당신은 지금 꿈을 꾸기에 늦었다고 생각하고 있지 않나요? 절대 늦은 꿈은 없습니다. 꿈을 꾸는 사람만이 살아 있음을 느끼고 숨을 쉴 수 있으니까요. 무한 생명력을 원한다면 항상 꿈을 꾸도록 하세요.

- 생각하는 것이 인생의 소금이라면 희망과 꿈은 인생의 사탕이다. 꿈이 없다면 인생은 쓰다.　　　　　　　　　　　　　　　　　　　　—바론 리튼

- 꿈이 있는 한 인생은 허무하지 않다. 대부분의 사람은 인생이 우리가 상상하고 기대했던 것보다 못한 것이라고 한다. 젊음은 눈 깜박할 사이에 지나가 버린다. 어느 순간 사람들은 이제 자신을 추슬러야 할 때, 자신의 모든 힘을 써야 할 때, 세속적인 욕망을 절제해야 할 때, 성인(成人)이 되어야 할 때라고 느끼며 가슴속에 간직해 온 수많은 희망을 버리며 인생의 덧없음을 이야기한다.　　　　　　　—캐서린 맨스필드

- 낮에 꿈꾸는 사람은 밤에만 꿈꾸는 사람에게는 찾아오지 않는 많은 것을 알고 있다.　　　　　　　　　　　　　　　　　　　—에드거 앨런 포

- 꿈을 품어라. 꿈이 없는 사람은 아무런 생명력도 없는 인형과 같다.

　　　　　　　　　　　　　　　　　　　　　　　—발타사르 그라시안

- (저는) 방랑자이면서, 신사, 시인, 몽상가, 외톨이이며, 언제나 로맨스와 모험을 꿈꾸죠. —찰리 채플린

- 당신이 배를 만들고 싶다면, 사람들에게 목재를 가져오게 하고 일을 지시하고 일감을 나눠주는 일을 하지 마라. 대신 그들에게 저 넓고 끝없는 바다에 대한 동경심을 키워줘라. —앙투안 드 생텍쥐페리

- 꿈을 지녀라. 그러면 어려운 현실을 이길 수 있다. —R. M. 릴케

- 아름다운 꿈을 지녀라. 그리하면 때 묻은 오늘의 현실이 순화되고 정화될 수 있다. 먼 꿈을 바라보며 하루하루 그 마음에 끼는 때를 씻어나가는 것이 곧 생활이다. 아니, 그것이 생활을 헤치고 나가는 힘이다. 이것이야말로 나의 싸움이며 기쁨이다. —R. M. 릴케

- 우리 모두 사실주의자가 되자. 그러나 가슴속엔 불가능한 꿈을 가지자. —체 게바라

- 오랫동안 꿈을 그리는 사람은 마침내 그 꿈을 닮아간다. —앙드레 말로

- 나는 꿈과 소망이 없는 자들 사이에서 군주가 되기보다는, 실현할 포부를 지닌 가장 미천한 자들 사이에서 꿈을 꾸는 사람이 되는 쪽을 선택하리라. —칼릴 지브란

W 016

대담하게 나아갈 용기를
북돋워 주는 명언 3가지

✒ 꿈을 향해 대담하게 나아가고 상상한 삶을 살기 위해 노력하면, 평범한 시기에 뜻밖의 성공을 접하게 될 것입니다. 대담하게 나아갈 수 있는 용기가 성공을 위한 초석이 된다는 것을 기억하세요.

· 20년 후 당신은 했던 일보다 하지 않았던 일로 인해 더 실망할 것이다. 그러므로 돛줄을 던져라. 안전한 항구를 떠나 항해하라. 당신의 돛에 무역풍을 가득 담아라. 탐험하라. 꿈꾸라. 발견하라.　　　－마크 트웨인

· 영광의 순간을 경험하고 싶다면 과감해져야 한다. 비록 과감함 때문에 실패자로 전락한다 하더라도 이들은 평생 단 한 번도 성공과 실패를 경험하지 못한, 무기력하고 어정쩡한 삶을 산 이들보다 훨씬 훌륭한 사람들이다.　　　－시어도어 루스벨트

· 나는 신중하기보다 과감한 편이 낫다고 단언한다. 왜냐하면, 운명의 신은 여신이라 그녀에 대해 주도권을 쥐려면 난폭하게 다룰 필요가 있는 것이다. 운명은 차갑도록 냉정하게 다가오는 자보다 정복의 욕망을 노골적으로 드러내고 덤비는 자에게 기우는 모양이다. 운명은 여자와 닮아서 보다 격하고 보다 대담하게 여자를 지배하기 때문이다.　　　－마키아벨리

누구에게나 배울 만한 요소가 있음을 알려 주는 명언 5가지

앤드류 매튜스는 우리 삶 속으로 걸어 들어오는 사람은 모두 스승이라고 하였습니다. 스쳐 지나가는 인연일지라도, 나이가 어릴지라도, 직위가 나보다 낮을지라도, 나를 제외한 모든 사람에겐 우리가 배워야 할 부분이 있음을 명심하세요.

- 만나는 사람마다 교육의 기회로 삼는다.　　　　　　　　　–에이브러햄 링컨

- 누구에게나 배울 만한 요소가 있다. 그러므로 나는 그들의 제자이다.

　　　　　　　　　　　　　　　　　　　　　　　　–랠프 왈도 에머슨

- 스스로 배울 생각이 있는 한, 천지 만물 중 하나도 스승이 아닌 것은 없다. 사람에게는 세 가지 스승이 있다. 하나는 대자연, 둘째는 인간, 셋째는 사물이다.　　　　　　　　　　　　　　　　　　–장 자크 루소

- 만나는 모든 사람에게서 무엇인가를 배울 수 있는 사람이 세상에서 가장 현명하다.　　　　　　　　　　　　　　　　　　　　–탈무드

- 내가 만나는 사람은 누구나 그 어떤 면에서 나보다 더 낫다. 그런 점에서 나는 그에게서 배운다.　　　　　　　　　　　–랠프 왈도 에머슨

의심을 지우고 믿음을 가질 수 있도록 도와주는 명언 4가지

모든 일에 의심을 하고 대한다면 성공하지 못하고 성취하지도 못합니다. 그것을 단행하기까지는 확신을 하세요. 만일 의심을 한다면 자신을 버리고 나섰던 뜻에 부끄러움이 많음을 의미합니다. 자기 뜻에 확신을 줄 수 있는 사람이 되어야 하지 않을까요?

• 산을 오르는 것과 영화를 만드는 것은 기본적으로 똑같다. 시작할 때부터 의심을 하면 일은 어려워진다. 물리적인 어려움이 밀려들기 전에 실질적인 벽이 생겨 버리는 것이다. 산을 오를 때 그 산을 오를 수 있다고 믿어야 한다.

—라스 폰 트리에(영화감독)

• 어떤 것을 믿는 데에는 오랜 시간이 걸리지만 작은 의심이 생기면 그것이 번지는 데 얼마 걸리지 않는다.

—작자 미상

• 믿는 것은 강하게 되는 것이다. 의심은 에너지를 박탈해 가는 것이다. 믿음은 힘이다.

—프레더릭 로버트슨

• 의심받지 않는 강인한 신념이 중요한 이유는 한번 의심이 생겨서 각인된 이미지가 평생의 이미지가 되기 때문이다.

—작자 미상

기회를 받아들일 준비가 되어 있어야 한다는 명언 4가지

행운의 여신이 미소를 지으며 내게 기회를 던져주기 이전에 기회를 붙잡을 준비를 해 놓아야 합니다. 좋은 기회는 당장 붙잡지 않으면 달아나기 마련이지요. 지금부터라도 기회를 내 손에 움켜쥐기 위한 준비를 시작하는 것은 어떨까요?

- 기회는 어디에도 있는 것이다. 낚싯대를 던져놓고 항상 준비태세를 취하라. 없을 것 같이 보이는 곳에 언제나 고기는 있으니까.

  –오비디우스

- 기회가 없음을 두려워하지 말고, 준비되어 있지 않음을 두려워하라.

  –랠프 왈도 에머슨

- 흔히 사람들은 기회를 기다리고 있지만, 기회는 기다리는 사람에게 잡히지 않는 법이다. 우리는 기회를 기다리는 사람이 되기 전에 기회를 얻을 수 있는 실력을 갖춰야 한다. 일에 더 열중하는 사람이 되어야 한다.

  –안창호

- 인생에서 성공하는 사람의 비결은 좋은 기회가 오면 즉시 받아들일 수 있는 마음가짐이 되어 있는 것이다.

  –벤저민 디즈레일리

신중한 태도의 중요성을 강조하는 명언 4가지

성실이 유리조각이라면 신중함은 다이아몬드입니다. 방심으로 인한 실패를 막기 위해 그리고 과정의 완벽함을 통해 더 나은 결과를 만들기 위해, 다음 명언들과 함께 신중한 태도를 유지하도록 마음을 갈고닦아 보세요.

• 아직 잔잔할 때 평온의 기반을 견고히 하라. 아직 나타나기 전에 예방하라. 없애야 할 것은 조그마할 적에 미리 없애도록 하라. 버려야 할 물건은 무거워지기 전에 빨리 버리도록 하라. 무슨 일이든지 그 일이 터지기 전에 주의해야 한다. 터진 뒤에는 이미 때가 늦다. —노자

• 아무리 사소한 일이라 해도 일하기 전에는 늘 앞뒤를 잘 살피고 시작해야 한다. —에피크테투스

• 천 길이나 되는 높은 방죽도 땅강아지와 개미 같은 아주 미력한 것의 구멍 때문에 무너지게 되고, 백 척이나 되는 큰 집도 아궁이의 작은 틈새에서 나온 불로 죄다 타버린다. 모든 일이란 작은 방심과 부주의에서 큰일이 생기는 것이다. —한비자

• 가장 훌륭한 선은 신중성이다. 그것은 철학보다도 더 귀중하며, 모든 덕은 신중성에서 나온다. —에피쿠로스

생각을 모두 꺼내 놓으세요

습관적인 걱정을 완전히 없애기는 힘듭니다.
그렇지만 쉽게 빠져나오지 못할 정도로 깊이 빠져들지 않도록
생각하는 시간을 제한할 수는 있습니다.
먼저 타이머를 10분에서 15분으로 맞추세요.
그리고 마음속에 드는 생각으로 인해 스트레스를 받도록
내버려 두세요. 생각을 모두 꺼내 놓으세요!
이 시간 동안에는 억눌린 감정과 생각을 모두 배출해 보세요!

침묵의 무게감과 필요성을
알려 주는 명언 4가지

✒ 가장 깊은 감정은 항상 침묵 속에 존재합니다. 다음 명언들을 조심스럽게 읽고 깊게 생각하는 침묵의 무게감과 필요성을 느껴 보세요.

• 진정한 창조는 침묵 속에서 이루어진다.   –칼 힐티

• 아는 것이 없는 사람일수록 말하기를 좋아하고 아는 것이 많은 사람일수록 침묵을 지킨다. 조금 아는 사람은 알고 있는 모든 것이 중요하다고 여겨 사람들에게 말하고자 하는 것이요, 많이 알고 있는 사람은 아직도 모르는 게 많다고 생각하기 때문에 필요한 경우나 질문을 받을 때 이외는 말을 아끼는 것이다.   –장 자크 루소

• 항상 자신을 조심하라. 침묵을 생활화하라. 남에 대한 말을 꺼낼 때는 침묵 속에서 거듭 생각한 후에 좋은 말만을 골라서 하라. 그러나 역시 그 말도 침묵보다는 못하다는 것을 느끼게 되리라.   –존 드라이든

• 나의 내면은 온종일 조용했다. 나는 소리를 듣기 위하여 한밤중까지 기다렸다. 나의 바깥은 온종일 시끄러웠다. 나는 밤새도록 침묵을 기다렸다. 도(道)의 힘은 소리이다. 도의 잠재력은 침묵이다.   –도교

자기 신뢰가 곧 타인에 대한 신뢰임을
알려 주는 명언 3가지

✒ 자신에 대한 신뢰가 타인을 신뢰하는 중요한 요소가 된다고 합니다. 당신은 자신을 얼마나 믿고 있나요? 혹시 자신을 믿기가 두려운가요? 다음 명언들을 읽어 보세요. 자기 신뢰가 서툰 당신에게 용기를 줄 테니까요.

• 사람을 믿는다는 것은 사람이 반드시 모두 성실하지 못하더라도 자기만은 홀로 성실하기 때문이며, 사람을 의심하는 것은 사람이 반드시 모두 속이지 않더라도 자기가 먼저 자신을 속이기 때문이니라.

-채근담

• 자신을 신뢰할 수 있는 사람만이 타인을 신뢰할 수 있다. 왜냐하면, 오직 그러한 사람이야말로 미래의 자신을 현재의 자신과 마찬가지로 믿을 수 있으며, 또한 자신이 현재 바라고 있는 대로 느끼고 행동할 것이기 때문이다. 자기 자신을 신뢰한다는 것은 약속할 수 있는 능력의 조건이다.

-에리히 프롬

• 사람이 훌륭할수록, 더욱 다른 사람의 부정직을 의심하려 들지 않게 된다.

-마르쿠스 키케로

높고 큰 야망을 품을 수 있도록
격려하는 명언 4가지

높은 야망을 품는다면 당신은 얕은 생각을 가지고 땅에 머물러 있을 때보다는 더 높은 결과를 얻게 될 것입니다. 더 높은 결과를 위해 욕심내는 자만이 더 많은 성공을 일구어낸다는 것을 명심하세요.

• 야망도 일종의 노력이다. —칼릴 지브란

• 당신은 세계 최대의 야망을 품을 수 있는 사람이다. 달을 정복할 야망을 품어라. 그런 당신의 야망이 실현되지 못하도록 막을 사람은 아무도 없다. 한 사람을 제외하고는 그것을 막을 사람은 하나도 없다. 당신이 바로 그 사람이다. —찰스 로스

• 야망을 갖는 것은 아주 좋다. 그것이 다른 사람의 길에 방해되지 않는다면. —이드리스 샤흐

• 성취에 이르기 위한 출발점은 욕망이다. 보잘것없는 욕망은 보잘것없는 결과를 가져온다. 작은 불씨로는 작은 열을 낼 수밖에 없는 것과 똑같은 이치다. —나폴레온 힐

용서할 수 없어도 나를 위해 용서해야 한다는 명언 4가지

🖋 남을 용서하지 않는 마음의 상태는 스트레스를 유발하고 건강을 해치기 마련입니다. 요컨대 남을 용서하면 건강에 도움이 될 수 있습니다. 자신을 위해서라도 할 수 있는 가장 이기적인 행동이 남을 용서하는 것이라는 말이 설득력이 있다고 생각하지 않나요?

• 때론 용서할 수 없는 사람이 있다. 도저히 지울 수 없는 분한 일도 있다. 그러나 그럴수록 지우고 용서하라. 왜냐하면, 그런 기억과 분노들이 우리에게 주어진 삶의 질을 망가뜨리기 때문이다.

  −미첼 바첼레트(칠레 첫 여성 대통령)

• 그대에게 잘못을 저지른 사람이 있거든, 그가 누구이든 그것을 잊어버리고 용서하라. 그때 그대는 용서한다는 행복을 알 것이다. 우리에게는 남을 책망할 수 있는 권리가 없다. −레프 톨스토이

• 누군가가 우리를 괴롭혔을 때 우리는 모래에 그 사실을 적어야 해. 용서의 바람이 불어와 그것을 지워버릴 수 있도록…. −작자 미상

• 진정으로 용서하면 우리는 포로에게 자유를 주게 된다. 그러고 나면 우리가 풀어준 포로가 바로 우리 자신이었음을 깨닫게 된다.

  −루이스 스메데스

W 025

'나'를 믿고 나아갈 수 있도록 만드는 명언 5가지

✒ 가장 소름 끼치는 불신은 바로 자기 안에 있는 불신입니다. 나부터 자신을 믿을 수 있을 때 진정으로 원하는 바를 향해 올곧게 나아갈 수 있습니다. 다음 명언들을 마음에 새기며 부디 명심하세요.

• 자신의 능력을 믿어야 한다. 그리고 끝까지 굳세게 밀고 나가라.

–로잘린 카터

• 자신을 믿는 자는 행동할 때 필요한 것들을 모두 수중에 갖고 있다. 중요한 문제이거나 사소한 문제이거나 어려운 일이거나 손쉬운 일이거나 혼자의 힘으로 얼마든지 해결할 수 있다. –발타사르 그라시안

• 자신을 의심하는 사람은 마치 적군에 가담해 자신에게 총을 겨누는 사람과 같다. –알렉산드로 뒤마

• 자신이 옳다고 확신한다면 잘못된 사람들과 논의할 필요는 없다.

–볼랑스키

• 자기 신뢰가 성공의 제1의 비결이다. –랠프 왈도 에머슨

마음의 밭에 긍정적인 기운을
심어주는 명언 4가지

마음속의 생각이 그대를 만들고, 미래의 모습을 만들고, 기쁨을 만들기도 슬픔을 만들기도 합니다. 마음속으로만 생각한 것들이 현실로 나타나기 마련입니다. 이 세상은 그대를 비추는 거울일 뿐입니다. 긍정의 세상을 바라보기 위해서는 긍정적인 마음이 전제되어야 한다는 사실을 기억하세요.

• 마음의 밭에 '긍정'을 심으면 긍정적인 결과가 나오고 '부정'을 심으면 부정적인 결과를 낳는다. 이를 시소(SISO)라고 한다. 생각 속에 성공을 넣으면(Success In), 성공의 결과가 나온다(Success Out). —박형미(파코메리 대표)

• 사람은 슬퍼서 우는 것이 아니라 울어서 슬퍼지고, 즐거워서 웃는 것이 아니라 웃어서 즐거워진다. 우리 세대의 가장 위대한 발견은 사람은 자기 마음을 고치기만 하면 자신의 인생까지도 고칠 수 있다는 것이다. —윌리엄 제임스

• 우주의 기운은 자력과 같아서 우리가 어두운 마음을 지니고 있으면 어두운 기운이 몰려온다. 그러나 밝은 마음을 지니고 긍정적이고 낙관적으로 살면 밝은 기운이 밀려와 우리의 삶을 밝게 비춘다. —법정 스님

• 사람들의 대응방식은 생각과 감정, 그리고 그에 따른 행동에 의해 전적으로 결정된다. 좋건 나쁘건 상관없이 감정의 95%는 어떤 일이 벌어졌을 때 이를 어떻게 받아들이는지에 따라 달라진다. —마틴 셀리그만

한 발짝만 더 나아갈 것을 응원하는 명언 4가지

대부분의 사람은 겁을 먹고 미리 선을 그어 버리는 경향이 있다고 합니다. 그것도 진정한 자신의 한계보다 앞에 긋습니다. 그 한 발짝 앞에 가능성이 숨겨져 있다는 걸 눈치채지 못한 채 말이지요.

- 한 발만 앞서라. 모든 승부는 한 발짝 차이이다. ㅡ이건희(기업인)

- 수천 걸음을 내디딘 후에도 효과가 없는 것으로 생각하여 포기할 수 있다. 그러나 성공은 바로 그다음 길모퉁이에 숨어 있는 것이다. 내가 그 모퉁이까지 한 발자국 더 가지 않는 한, 성공에 얼마나 가까이 왔는지 알 수 없다. ㅡ오그 만디노, 「위대한 상인의 비밀」中

- 많은 인생의 실패자들은 포기할 때, 자신이 성공에서 얼마나 가까이 있었는지 모른다. ㅡ토머스 에디슨

- 행복, 그것은 그대의 '앞길을 가로막고 서 있는 사자'이다. 대개 사람은 그것을 보고 되돌아서고 만다. 그리하여 행복과는 아무 관련 없는 어떤 시시한 것으로 만족해 버린다. ㅡ칼 힐티

삶이 주는 문제에 괴로워하는
당신에게 필요한 명언 5가지

문제를 바르게 파악하면 절반은 해결한 것과 마찬가지라고 합니다. 당신이 직면한 문제를 바르게 파악해 가장 적절한 해결책을 찾도록 하세요. 문제는 싹부터 잘라야 해결이 쉬워지니까요.

• 항상 편안한 마음으로 문제에 접하라. 긴장된 상태에서는 정상적인 판단은 어렵다.

—로버트 H. 슐러

• 한 번에 모든 문제를 해결할 수는 없다. 하나하나 매듭을 풀어나가면서 단계적으로 문제를 정복해 나가야 한다.

—도교

• 작은 문제를 해결해 나가면 큰 문제는 저절로 해결될 것이다.

—디어도어 루빈

• 우리의 문제는 인간이 만든 문제이므로 인간에 의해서 해결될 수 있습니다. 그리고 인간은 원하는 만큼 꿈을 펼칠 수 있습니다. 인간이 벗어나지 못할 운명의 굴레는 없습니다.

—존 F. 케네디

• 어떤 문제도 반드시 자신의 힘으로 해결할 수 있다는 신념을 지녀라.

—로버트 H. 슐러

차이를 존중하고 받아들일 줄 아는 자세가 필요하다는 명언 8가지

가장 가까운 사람들 사이에도 무수한 차이가 존재한다고 합니다. 이러한 사실을 깨닫는 순간 당신의 삶은 훨씬 더 황홀한 방향으로 전개되겠지요. 상호 간의 차이와 거리를 사랑할 수 있을 때 상대방의 전부를 바라볼 수 있지 않을까요?

- 한 가지 소리는 아름다운 음악이 되지 못하고, 한 가지 색은 찬란한 빛을 이루지 못하며, 한 가지 맛은 진미(珍味)를 내지 못한다.

  —고대 철학자

- 나에게는 누구에게라도 그가 자신을 과소평가하게 하는 말이나 행동을 할 권리가 없다. 중요한 것은 내가 그 사람에 대해서 어떻게 생각하느냐가 아니고, 그가 그 자신을 어떻게 생각하느냐 하는 것이다. 사람의 존엄성에 상처를 주는 것은 죄악이다. —앙투안 드 생텍쥐페리

- 두 사람이 서로 다른 점을 각자의 타고난 개성으로 인정하지 않고 틀린 점으로 취급하는 순간, 상처가 자리 잡기 시작한다. 처음 만났을 때의 마음처럼, '다르다'를 '다르다'로 기쁘게 인정하자. 세월이 흘러 '다르다'가 '틀리다'로 느껴진다면 이전보다 꼭 두 배만 배려하는 마음을 갖자.

  —최일도(목사)

- 사랑이란 자신과 다른 방식으로 느끼며 다르게 살아가는 사람을 이해하고 기뻐하는 것이다. 자신과 닮은 사람을 사랑하는 것이 아니라 자신과는 대립하여 사는 사람에게 기쁨의 다리를 건네는 것이 사랑이다. 차이를 부정하는 것이 아니라 그 차이를 사랑하는 것이다.

  —프리드리히 니체

- 인간은 강과 같다. 물은 여느 강에서나 마찬가지며 어디를 가도 변함없다. 그러나 강은 큰 강이 있는가 하면 좁은 강도 있으며, 고여 있는 물이 있는가 하면 급류도 있고, 맑은 물과 흐린 물, 차가운 물과 따스한 물도 있다. 인간도 바로 이와 같은 것이다. —레프 톨스토이

- 나귀와 마부는 똑같이 생각하지 않는다. —독일 속담

- 서로의 본성이 다르다는 사실을 무시하기 때문에 남자는 여자한테 남자처럼 생각하고 반응하기를 기대하고, 여자 역시 마찬가지이기에, 온 세상은 오해와 사고와 문제로 가득한 것이다. 그러므로 남녀가 서로를 이해하지 못한다는 사실을 이해한다면 서로를 이해하기 시작할 수 있을 것이다. —마르코 폰 뮌히하우젠

- 누군가를 미워하고 있다면, 그 사람의 모습 속에 보이는 자신의 일부분을 미워하는 것이다. 나의 일부가 아닌 것은 거슬리지 않는다.

  —헤르만 헤세

타인의 결점에 민감하게 반응할 필요가 없다는 명언 5가지

어리석은 사람의 특징은 타인의 결점을 드러내고 자신의 결점은 잊어버리는 것이라고 합니다. 어리석은 사람이 되지 않으려면 당신의 결점을 먼저 살펴 보고 타인의 결점에는 눈을 감도록 하세요.

- 우리가 지닌 결점은 미덕과 마찬가지로 때로는 서로의 마음을 맺어주는 강한 끈이 되기도 한다. ―보브나르그

- 전혀 결점을 보이지 않는 인간은 바보가 아니면 위선자다.

  ―조제프 주베르

- 자신의 결점을 잘 알고 있는 사람은 남의 결점에 대해 이렇다저렇다 잔소리를 하거나 추궁하는 일이 결코 없다. ―사디

- 타인의 결점을 눈으로 똑똑히 볼 수 있는 것은 바로 우리 자신에게도 그런 결점이 있기 때문이다. ―칠르니르

- 타인의 결점은 우리의 눈앞에 있고, 우리 자신의 결점은 우리의 등 뒤에 있는 법이다. ―세네카

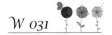

당신이 맺은 인연을 돌아보게 만드는 명언 3가지

누구를 만나느냐에 따른 만남의 인연은 우리 삶에 끼치는 영향이 매우 크지요. 그리고 어떻게 인연을 꾸려나가느냐에 따라 삶에 끼치는 영향 역시 매우 크고요. 그러므로 다가온 인연을 소중하고 아름답게 가꾸어 갈 줄 알아야 함을 반드시 기억하세요.

• 좋은 인연이란? 시작이 좋은 인연이 아닌 끝이 좋은 인연입니다. 시작은 나와 상관없이 시작되었어도 인연을 어떻게 마무리하는가는 나 자신에게 달렸기 때문입니다.　　　　　　　　　　　　　　－혜민 스님

• 진정한 인연과 스쳐 가는 인연은 구분해서 인연을 맺어야 한다. 진정한 인연이라면 최선을 다해서 좋은 인연을 맺도록 노력하고 스쳐 가는 인연이라면 무심코 지나쳐 버려야 한다. 그것을 구분하지 못하고 만나는 모든 사람과 헤프게 인연을 맺어 놓으면 쓸 만한 인연을 만나지 못하는 대신에 어설픈 인연만 만나게 되어 그들에 의해 삶이 침해되는 고통을 받아야 한다.　　　　　　　　　　　　　　－법정 스님

• 생각이 너그럽고 두터운 사람은 봄바람이 따뜻하게 만물을 기르는 듯하여 무엇이든지 이런 사람을 만나면 살아나고, 마음이 모질고 각박한 사람은 차가운 눈이 만물을 얼게 하는 듯하여 무엇이든지 이런 사람을 만나면 죽느니라.　　　　　　　　　　　　　　－채근담

작은 일부터 시작해 큰일을 이뤄내야 한다는 명언 4가지

풀을 베는 사람은 들판의 끝을 보지 않고, 대청소하는 주부는 찬장을 한 칸씩 정돈합니다. 큰일을 완성하기 위해서는 작은 일부터 시작해야 함을 다음 명언들과 함께 가슴속에 새겨 보세요.

• 한 번에 바다를 만들려고 해서는 안 된다. 우선 작은 강부터 만들어야 한다.
　　　　　　　　　　　　　　　　　　　　　　　　—유대 격언

• 아무리 큰일도 아주 작은 일에서 시작되는 것이다. 바빌론의 웅장한 신전을 건축하는 일도 벽돌 한 장을 쌓는 일에서 비롯된다.
　　　　　　　　　　　　　　　　　　　　　—발타사르 그라시안

• 큰 나무도 가느다란 가지에서 시작되는 것이다. 10층의 탑도 작은 벽돌을 하나씩 쌓아 올리는 데에서 시작되는 것이다. 마지막에 이르기까지 처음과 마찬가지로 주의를 기울이면 어떤 일도 해낼 수 있을 것이다.
　　　　　　　　　　　　　　　　　　　　　　　　　—노자

• 큰일에는 진지하게 대하지만 작은 일에는 손을 빼는 것이 당연하다고 생각하는 것, 몰락은 언제나 여기에서 시작된다.　　　—헤르만 헤세

남에게 관대하고 자신에게 엄격해야한다는 명언 3가지

✒ 사람들은 흔히 자신에게는 관대한 기준을, 타인에게는 엄격한 기준을 세우곤 합니다. 그러나 타인의 잘못은 용서하되 자신의 잘못은 용서하지 말고, 자신의 곤욕은 참되 타인의 곤욕은 구제해 줄 수 있어야 하지요. 다음 명언들과 함께 이런 가치관을 길러야 하는 필요성에 대해 생각해 보세요.

• 대부분의 사람이 자신을 판단할 때와 남을 판단할 때, 완전히 다른 이중 잣대를 적용한다. 남을 판단할 때는 그의 '행동'을 기준으로 삼으며, 그 기준은 가혹하기 이를 데 없다. 반면에 자신을 판단할 때는 '의도'를 기준으로 삼는다. 우리가 잘못을 범하더라도 우리 의도가 훌륭했다면 쉽게 용서한다. 따라서 우리는 변화를 요구받을 때까지 실수와 용서를 반복한다.　　　　　　　　　　　　　　　　　　　　　　　—존 맥스웰

• 비록 어리석은 사람이라도, 남을 꾸짖는 마음은 명확하다. 비록 총명한 사람이라도, 자신을 용서하는 데 있어서는 어둡고 혼미하다. 남을 꾸짖는 그 명확한 마음으로 나를 꾸짖어라. 나를 용서하는 그 관대한 마음으로 남을 용서하라! 그러면 성인의 경지에 이르게 됨이 명확할 것이다.　　　　　　　　　　　　　　　　　　　　　　　—명심보감

• 자기 자신에 대해서 다른 사람들이 기대하는 것보다 더 높은 기준을 적용하라.　　　　　　　　　　　　　　　　　　　　　　　—헨리 와드비처

자존감을 잃었을 때 읽으면 도움이 되는 명언 6가지

🖋 사람은 자신이 가치 있다고 느끼는 만큼 다른 사람에게 가치 있게 된다고 합니다. 당신은 스스로 얼마의 가치가 있다고 생각하나요?

- 낮은 자존감은 계속 브레이크를 밟으며 운전하는 것과 같다.

  −맥스웰 말츠

- 가장 용감한 행동은 자신을 위해 생각하고 그것을 외치는 것이다. 큰 소리로.

  −가브리엘 샤넬

- 자신을 경멸하는 사람은, 경멸하는 자신을 존중한다.   −프리드리히 니체

- 스스로 자신을 존경하면 다른 사람도 그대를 존경할 것이니라.   −공자

- 나에 대한 자신감을 잃으면 온 세상이 나의 적이 된다. −랠프 왈도 에머슨

- 세상이 그대를 과소평가 할지라도 절망하지 마라. 그대는 누가 뭐라 해도 우주 유일한 존재이다.

  −이외수, 「하악하악」中

매사를 심각하게 받아들이지 않도록 생각을 전환해 주는 명언 4가지

매사를 너무 심각하게 생각하지 마세요. 심각해지는 것이 항상 진실에 접근하는 길이라고 볼 수 없으니까요. 그래도 아직 걱정이 많다면 다음 명언들을 읽고 다시 생각해 보세요. 조금은 가벼워질 테니까요.

• 인생은 심각하게 생각하기엔 매우 중요하다.　　　　　　　－오스카 와일드

• 농담을 심각하게 받아들이지 마라. 사실 아무것도 심각하게 받아들일 것은 없다. 무엇을 심각하게 받아들이기 시작하면 그대는 핵심을 놓쳐 버리고 만다. 심지어 경전조차도 심각하게 받아들여서는 안 된다. 그래야만 이해가 가능하다. 깊게 이완되고 심각해 하지 않으며 심심풀이 하는듯한 태도로 이해해야 한다. 심각하게 될 때 그대는 닫히게 된다.

　　　　　　　　　　　　　　　　　　　　　　　　　　－오쇼 라즈니쉬

• 진지하게 사는 것과 심각하게 사는 것을 착각하지 말게. 인생은 언제나 단순하지 심각한 게 아니라네. 각각의 찰나를 진지하게 살면 심각해질 필요가 없지.　　　　－고가 후미타케 기시미 이치로, 「미움받을 용기」 中

• 삶을 너무 심각하게 살지 마라. 삶은 하나의 놀이다. 우리는 그 놀이를 웃고 즐기면 되는 것이다.　　　　－엘리자베스 퀴블러 로스, 「인생수업」 中

냉정함이 필요한 순간이 있다는 것을 알려 주는 명언 4가지

냉정한 눈으로 열광했을 때를 바라본 뒤에라야 열광할 때의 분주함이 무익했음을 알 수 있다고 합니다. 때로는 뜨거움보다는 냉정함이 필요한 순간이 있음을 기억하세요.

- 중요한 일을 착수할 때는 이성적이고 냉정함을 잃지 않는 사람과 손을 잡아라.　　　　　　　　　　　　　　　　　　　－발타사르 그라시안

- 냉정한 눈으로 사람을 보고, 냉정한 귀로 말을 들으며, 냉정한 정으로 일에 대응하고, 냉정한 마음으로 도리를 생각하라.　　　　　－채근담

- 냉정하고 열기와 성급함이 없는 것은 훌륭한 자질이다.
  　　　　　　　　　　　　　　　　　　　　　－랠프 왈도 에머슨

- 사람은 흥분하면 자기를 속이는 결과가 된다. 평소에 사리가 밝고 온화하던 사람도 일단 흥분하면 도리를 저버리고 사나운 행동이 나타난다. 조금 전까지 다정하던 친구에게 생전 안 볼 듯이 무서운 욕설을 퍼붓는 것은 흥분의 소치이다. 자기의 마음을 올바르게 표현하려면 냉정하게 자신을 억제할 줄 알아야 한다.　　　　　　　　　－알랭

설득의 기술을 알려 주는 명언 5가지

세상에서 가장 어려운 것이 있다면 아마도 사람의 마음을 얻는 게 아닐까요? 골짜기를 채우는 것보다 사람의 마음을 채우는 것이 더 어렵다고도 하는데요. 상대방을 설득하여 마음을 얻으려면 어떻게 해야 할까요?

• 순수하고 진지한 침묵이 사람을 설득시킨다.　　　　—윌리엄 셰익스피어

• 남을 설득하려고 할 때는 자기가 먼저 감동하고, 자기를 설득하는 데서부터 시작해야 한다.　　　　　　　　　　　　—토머스 칼라일

• 설득이란 남의 이견(異見)을 존중하는 데서 시작해야 한다. 한번의 기회에 성과가 있기를 바라지 말아야 한다.　　　　　—벤저민 디즈레일리

• 부드러운 말로 상대를 설득하지 못하는 사람은 거친 말로도 설득할 수 없다.　　　　　　　　　　　　　　　　—안톤 체호프

• 결정의 90퍼센트는 감성에 근거한다. 감성을 동기로 작용한 다음, 행동을 정당화하기 위해 논리를 적용한다. 그러므로 설득을 시도하려면 감성을 지배해야만 한다.　　　　　　　　　　—데이비드 리버먼

행복해 지기 위해서는 연습과 노력이 필요하다는 명언 3가지

연습할수록 느는 것, 행복은 삶의 습관입니다. 지금의 당신이 불행하다고 생각하나요? 다음 명언들과 함께 행복해지기 위한 노력을 펼치는 것은 어떤가요?

- 우리들은 행복이라는 물건을 만들 수 있는 재료와 힘을 가지고 있는데, 그것을 돌보지 않고 만들어져 있는 행복을 찾고 있다. 그러나 행복이란 파는 물건이 아닌 이상 살 수 없다는 것을 알아야 한다.　　－알랭

- 하루만 행복하려면 이발을 해라. 한 달 동안 행복하려면 말을 사라. 한 해 동안 행복하려면 새집을 사라. 그러나 평생 행복하려면 정직하라.　　　　　　　　　　　　　　　　　　　　　　－영국 속담

- 행복할 수 있는 마음　　　　　　　　　　　　　　　　－요한 괴테

  ① 지난 일에 연연하지 않는다.

  ② 사람을 미워하지 않는다.

  ③ 작은 일에 화내지 않는다.

  ④ 현재를 즐긴다.

  ⑤ 미래는 신에게 맡긴다.

신념을 지니고 앞으로 나아가라고
응원하는 명언 3가지

✒ 당신이 하는 일에 확신이 서지 않을 때, 당신에게 누군가가 그 일은 반드시 성공한다는 보장을 확실히 해 준다면 당신은 서슴지 않고 나설 것입니다. 그러나 앞으로는 남의 힘을 바라지 않고 당신의 신념을 믿어 보세요. 당신만의 굳은 신념이 당신의 새로운 성공을 보장해 줄 테니까요.

• 신념은 현명한 도박이다. 신념은 증명될 수 없으므로 믿겨야 본전이다. 만일 당신이 얻는다면 당신은 모든 것을 얻을 것이고, 만일 당신이 잃는다면 당신은 하나도 잃을 것이 없다. 그러므로 주저하지 말고 신념을 믿어라.

　　　　　　　　　　　　　　　　　　　　　　　　　　　－블레즈 파스칼

• 사람은 자신이 하는 일에 대하여 신념을 지녀야 한다. 그리고 자신이 옳다고 확신하는 일을 실행할 만한 힘을 모두가 가지고 있는 법이다. 자신에게 그 같은 힘이 있을까 주저하지 말고 앞으로 나아가라.

　　　　　　　　　　　　　　　　　　　　　　　　　　　　－요한 괴테

• 신념은 인간에게 가장 중요한 것이다. 그러나 아무리 굳은 신념이 있더라도 침묵하고 가슴속에 품고만 있으면 아무 소용이 없다. 어떠한 희생을 치르더라도, 죽음을 걸고서라도 반드시 자신의 신념을 발표하고 실행한다는 용기가 필요하다. 여기에 처음으로 그가 가지고 있는 신념이 생명을 갖는 것이다.

　　　　　　　　　　　　　　　　　　　　　　　　　　　－A 토스카니니

버릴 줄도 알아야한다는
명언 4가지

✒ 문제는 복잡하며 이를 해결하는 법칙은 단순합니다. 버릴 것이 무엇인가를 찾아 내세요. 문제의 본질을 잡기 위해서는 잘 버릴 수 있어야 하거든요. 핵심에 집중한다는 것은 잘 버린다는 것과 같은 맥락임을 명심하세요.

- 버려야 할 것은 물질뿐만이 아니다. 결과를 기대할 수 없는 일이나 사업에 대한 집착이나 불필요하게 정신적인 에너지를 소모하고 있는 일도 버려야만 한다. -김용삼

- 스티브 잡스가 다른 사람들과 다른 점은 무엇을 할 것인가가 아니라, 무엇을 하지 않을 것인가에 대한 결단을 내리는 데에 있다.

  -존 스컬리(애플 전 CEO)

- 없앨 것은 작을 때 미리 없애고 버릴 물건은 무거워지기 전에 빨리 버려라. -노자

- 버리고 비우는 일은 결코 소극적인 삶이 아니라 지혜로운 삶의 선택이다. 버리고 비우지 않고는 새것이 들어설 수 없다. 공간이나 여백은 그저 비어 있는 것이 아니라 그 공간과 여백이 본질과 실상을 떠받쳐 주고 있다. -법정 스님

거의 모든 고민은
시간과 함께 사라집니다

"1년 전 당신의 고민은 무엇이었나요?
또 2년 전, 10년 전의 고민은 무엇이었나요?
정확하게 기억할 수 있나요?"
고민은 문제해결에 의해서 부분적으로 해소되기도 하지만
거의 모든 고민은 시간과 함께 사라집니다.
이것이 바로 고민의 특성입니다.
고민한다고 해결될 수 없는 고민은 내버려 두세요.

얼굴에는 진실이 담겨 있다는 명언 3가지

얼굴로 표현하는 것은 말로 표현하기보다 쉽기 때문에 얼굴은 매우 중요합니다. 왜냐하면, 표정이 드러나는 얼굴은 행위자의 가치를 그대로 꾸밈없이 드러내기 마련이기 때문이지요. 우리 한 번 진실한 생각이 담긴 얼굴을 순수하게 드러내 보는 것은 어떨까요?

• 습관적으로 호감을 가지려고 노력한 얼굴에는 그와 같은 감정을 그 얼굴에 자주 표현하므로 고도로 정리된 아름다움이 나타나 있다.

—사라 T. 헬

• 얼굴에 나타난 표정은 보편적이어서 아주 이해하기 쉽다. 그것은 마음의 단면을 보여 주는 것으로, 그 조그마한 공간에 수많은 것이 가득차 있다. 그러므로 우리는 말로 표현하자마자 얼굴에서 한 문장을 읽어낼 수 있다. 얼굴은 책처럼 읽기 쉽다. 그리고 책을 읽고 이해하는 것처럼 긴 시간이 소요되지도 않으며, 결코 오독되지도 않는다.

—프레데릭 손더스

• 인간의 표정은 어떤 것이 진짜 모습인지 알 수 없을 정도로 시간이나 생각에 따라 다각적으로 변한다. 표정에 있어 아름다운 모습이 사라질 때 그것은 더욱 내적이고 영속적인 형태가 드러났기 때문이다.

—랠프 왈도 에머슨

타인을 믿는 것의 중요성을 알려 주는 명언 5가지

남을 잘 믿지 못하는 사람들은 자기 자신 역시 다른 사람으로부터 신뢰를 받지 못하고 있음을 염두에 두어야 합니다. 스스로가 타인을 믿는 만큼 타인 역시 나를 믿을 수 있다는 사실을 가슴에 새겨 두세요.

• 어떤 사람을 신용하느냐고 내게 묻는다면, 나는 남을 신용할 줄 아는 사람을 신용한다고 말할 것이다.   –개오르크 루카치

• 사람을 신뢰할 만한 사람으로 만드는 유일한 길은 그를 신용하는 것이다. 그를 신뢰하지 못할 사람으로 만드는 가장 확실한 길은 그를 불신하여 그대의 불신을 그에게 보여 주는 것이다.   –H. L 스팀슨

• 나는 사람들이 스스로 신뢰받을 만한 가치가 없음을 입증하기 전까지는 그들을 계속 신뢰한다. 그리고 그렇게 할 때 훨씬 많은 일이 일어난다는 것을 발견했다.   –짐 버크

• 남을 믿지 않는 자는 남의 믿음도 얻지 못한다.   –노자

• 어떤 것을 보려면 먼저 믿어야 한다.   –랄프 호드슨

행복의 기준은 주관적이어야 한다는 것을 말해 주는 명언 4가지

우리가 행복한지 아닌지는 우리 각자가 진짜로 원하는 삶을 향해서 얼마나 당당하게 다가가고 있느냐에 달려 있습니다. 그것을 채점할 수 있는 사람 또한 그 길을 가는 저마다의 몫입니다. 다음 명언들과 함께 지금까지 내가 살아온 시간을 채점해 보는 것은 어떤가요?

• 사람들은 자기가 친구나 이웃보다 불행하다고 한탄한다. 이는 자신이 행복함을 깨닫지 못하고 하는 말이다. 행복은 누가 가져다주는 것이 아니라 스스로 찾아야 함을 알아야 한다.　　　　　　　－도스토옙스키

• 불행의 가장 큰 원인은 다른 사람의 행복을 과대평가하는 데 있다.
　　　　　　　　　　　　　　　　　　　　　　　－마거릿 토머스

• 인간은 단지 행복하기를 원하는 게 아니라, 남들보다 더 행복하기를 원한다. 그런데 우리는 무조건 남들이 자기보다 더 행복하다고 생각하기 때문에 남들보다 행복해지기 어려운 것이다.　　　　　－세네카

• 행복이란 우리 집 화롯가에서 성장한다. 그것은 남의 집 뜰에서 따와서는 안 된다.　　　　　　　　　　　　　　　　　－윌리엄 제럴드

비극도 사랑해야 하는 이유에 대한
명언 5가지

슬픔 속에는 연금술이 있습니다. 슬픔은 지혜로 변해 기쁨 또는 행복을 가져다 주기도 하지요. 만일 당신이 슬픈 상황에 놓여 있다면 그 슬픔에 흠뻑 빠져 충분히 힘들어하면서 비극을 감내하세요. 결국, 슬픔을 이겨내고 다시 사랑과 기쁨을 얻을 수 있을 테니까요.

• 눈물과 더불어 빵을 먹어 보지 않은 자는 인생의 참다운 맛을 모른다.

－요한 괴테

• 나는 비극을 사랑한다. 비극의 밑바닥에는 언제나 어떤 아름다운 것이 있으므로 비극을 사랑한다.

－찰리 채플린

• 비애(悲哀)는 인간이 품을 수 있는 감정 가운데 최고의 것이며 동시에 온갖 대예술의 전형과 시금석임을 이제야 깨달았다. 비애야말로 인생과 예술의 궁극의 전형이다.

－오스카 와일드

• 슬픔은 인간에게 진지한 생각의 습관과 깊은 이해력, 그리고 부드러운 마음을 가져다준다.

－존 아담스

• 행복은 인간의 몸에 좋다. 하지만 인간의 정신력이 키워지는 것은 바로 깊은 슬픔의 체험을 통해서이다.

－마르셀 푸르스트

결점을 인정하고 배우는 자세를 만드는 명언 4가지

✒ 자신의 결점에 실망할 필요도 없고, 또 그것을 감출 필요도 없습니다. 있는 그대로가 그대 자신인걸요. 중요한 것은 결점을 계기로 삼아 새로운 자기를 발견할 기회를 갖게 된다는 것입니다. 그렇게 결점을 극복하다 보면 본인만의 참다운 매력이 생기지 않을까요?

• 결점이란 인간 자체의 영혼 속에 이미 내재하고 있다. 제아무리 완벽한 사람이라 할지라도 결점이 없는 사람은 없다. 자신의 결점을 깨닫고 고치려고 노력한다면, 그것은 자신의 장점을 더욱 빛내 주고, 인격을 함양하는 좋은 기회이다.
　　　　　　　　　　　　　　　　　　　　　　　－발타사르 그라시안

• 직원들에게 환심을 사는 가장 좋은 방법 중 하나가 당신의 무지나 결점을 솔직히 인정하는 것이다. 그럼으로써 드디어 당신에게 전문적 지식을 나눌 수 있는 문이 열리며 동시에 직원들의 치어리더이자 후원자, 격려자가 될 수 있다.
　　　　　　　　　　　　　　　　　　　　　　　　　－캔 블랜차드

• 책망받고 고쳐야 할 것은 없습니까? 있으리라 받아들이고 자신이 직접 찾아내도록 노력해야 합니다.
　　　　　　　　　　　　　　　　　　　　　　　　　－레프 톨스토이

• 자신의 약점이나 모자라는 점을 숨기고 감추기보다는 있는 그대로 드러낼 수 있는 용기를 가진 자에게는 결국 길이 열리게 될 것이다.

　　　　　　　　　　　　　　　　　　　　　　　　　－이드리스 샤흐

가치에 집중하면 인생의 진정한 의미를 깨닫게 되는 명언 4가지

오늘날에 와서는 모든 사람이 모든 사물의 값을 알고 있지만, 정작 그것들의 가치는 모르는 것처럼, 모든 것의 값을 아는 사람들은 정작 가치에 대해서는 무지합니다. 그러나 가치를 볼 수 있는 사람만이 인생의 진정한 의미를 알 수 있답니다. 겉으로만 자신을 알리는 데 급급해 하지 말고, 자신의 가치를 높이는 데 전념해 보세요.

• 주운 것과 목숨을 내걸고 쟁취한 것의 값어치가 같을 수는 없다. 제아무리 값비싼 다이아몬드라 할지라도 인간이 가치를 부여하기 전에는 하나의 돌멩이에 불과했다. 어떤 물건의 가치라는 것도 인간의 마음이 정하는 정도에 따라 수시로 그 크기가 달라지는 것이다. ─유동범

• 빈정대기 잘하는 사람이란 모든 것의 값을 알고 있으나, 한 가지의 가치도 모르는 사람이다. ─오스카 와일드

• 참으로 마음의 편안함을 얻으려면, 올바른 가치판단을 할 수 있어야 한다는 것이 나의 신념이다. 그러므로 자기의 처세훈을 만들 마음이 있다면, 모든 괴로움의 반은 꼭 없어진다. 그 처세훈이라는 것은 자기 인생에서 어떤 것이 가치가 있는가를 판단하는 측정 기준이 된다. ─데일 카네기

• 여기에 보이는 건 껍데기에 지나지 않아. 가장 중요한 것은 눈에 보이지 않아. ─앙투안 드 생텍쥐페리, 「어린왕자」 中

남이 하려고 하지 않는 것을 하면
성공할 수 있다는 명언 3가지

브라이언 트레이시는 "위대한 경제적 성공은 아무도 거들떠보지 않는 작은 노력이 수백 번, 수천 번 쌓여 이루어진 것이다. 부자가 되는 데에는 지름길이나 쉬운 길이 없다."고 하였습니다. 당신도 성공하길 원하나요? 그렇다면 귀찮을 일도 시도하려고 노력하세요.

• 남이 하지 않는 일을 10년 하면 꼭 성공한다. 천재적 재질보다 꾸준한 정진 노력이 성공의 어머니가 된다. 세월 속에 씨를 뿌려라. 그 씨는 쭉정이가 되어서는 안 되고 정성껏 가꿔야만 한다.

—석주명(일제 암흑기를 빛낸 세계적 나비학자)

• 신중하게 계획된 연습은 재미없을 수밖에 없다. 우리를 위대함의 길로 인도하는 활동이 쉽고 재미있다면 누가 그 길을 마다하겠는가. 그 길은 가장 뛰어난 사람과 그렇지 않은 사람을 구분하지 않는다. 따라서 신중하게 계획된 연습이 힘들고 지루하다는 사실은 확실히 우리에게 희소식이다. 대부분의 사람이 그런 연습을 하지 않는다는 의미이기 때문이다.

—제프 콜빈

• 두 갈래 길이 숲 속으로 나 있었다. 그래서 나는 사람이 덜 밟은 길을 택했고, 그것이 내 운명을 바꾸어 놓았다.

—로버트 프로스트, 「가지 않은 길」中

타협의 위험성을 알려 주는
명언 4가지

🖋 타협은 훌륭한 우산이지만 허술한 지붕과 마찬가지입니다. 그리고 타협가는 악어가 마지막에는 자신을 잡아먹을 것을 기대하며 악어에게 먹이를 주는 사람이라고 합니다. 당신은 어떤 타협가인가요? 다음 명언들을 읽으며 생각해 보세요.

• 타협하지 마라. 당신은 당신이 가진 모든 것이다.   –제니스 조플린

• 인생에 대해서는 분명하고 단호한 신념을 지니는 것이 필요하다. 모순된 여러 가지 관념에 사로잡히고 지배되어서는 안 된다. 현대인의 하나의 습성에는 합리적인 것을 상식적이라고 배격하는 경향이 있는데 이것은 잘못이다. 합리적인 생각이야말로 사회와 자신을 조화시키는 길이며, 또 이 조화를 벗어나서는 행복을 얻을 수 없다.

    –버트랜드 러셀

• 이 세상을 살아가는 최고의 방편은 타협하지 않고 적응하는 것이다. 늘 타협하면서도 이에 따라 아무런 적응에도 이를 수 없는 것은 가장 불행한 소질이다.   –게오르크 짐멜

• 세상과 타협하는 일보다 더 경계해야 할 일은 자기 자신과 타협하는 일이다. 스스로 자신의 매서운 스승 노릇을 해야 한다.   –법정 스님

좋아하는 한 가지에 미쳐도 좋다는 명언 3가지

자기 분야에서 최고로 성공하고 싶다면 먼저 한 분야에서 최고 전문가가 될 수 있도록 노력하세요. 자신의 능력을 여기저기 나눠 쓰는 일은 자제해야 합니다. 여러 가지 일에 가볍게 손대는 사람은 결코 성공할 수 없음을 기억하세요.

• 파브르는 곤충에 미쳐 있었습니다. 포드는 자동차에 미쳐 있었습니다. 에디슨은 전기에 미쳐 있었습니다. 지금 당신은 무엇에 미쳐 있는가를 점검해 보십시오. 왜냐하면, 당신이 미쳐 있는 그것은 반드시 실현되기 때문입니다.

―폴 마이어

• 누구에게나 같은 양의 에너지가 잠재되어 있기 마련이다. 하지만 사람들은 보통 여러 가지 하찮은 일에 정력을 소비하고 만다. 나는 단 한 가지 일, 즉 그림에만 내 에너지를 소비할 뿐이다. 그림을 위해 다른 모든 것은 희생될 것이며, 거기에는 모든 사람 그리고 물론 나 자신까지 포함된다.

―파블로 피카소

• 사람이 자신이 하는 일에 열중할 때 행복은 자연히 따라온다. 무슨 일이든 지금 하는 일에 몰두하라. 그것이 위대한 일인지 아닌지는 생각하지 말고, 방을 청소할 때는 완전히 청소에 몰두하고, 요리할 때는 거기에만 몰두하라.

―오쇼 라즈니쉬

남을 흉보거나 꾸짖는 행동의 어리석음을 알려 주는 명언 3가지

남의 단점을 비방하는 것은 좋지 못한 일입니다. 남의 단점을 덮어주도록 하세요. 만일 남의 단점을 세상에 드러낸다면 그것부터가 자신의 단점으로 남의 단점을 공격하는 것에 지나지 않으니까요.

• 남의 죄를 자주 드러내지 마라. 만약 부득이하게 남의 허물을 드러내고자 한다면, 때를 놓치지 말고 제때에 해야 하며, 거짓이 아닌 진실로 해야 하고, 이로움을 주기 위해서 해야 하며, 부드럽게 해야 하고, 인자한 마음으로 해야 한다. —석가모니

• 모든 의견을 말함에 있어 상대방이 자랑하는 점을 과장하고, 부끄러워하는 점을 절대 언급하지 않아야 한다는 사실을 명심하라. 상대방이 자신의 잘못을 이미 알고 있는 부분에 대해 그 과실을 거리낌 없이 말해서는 안 된다. —사마천

• 남을 헐뜯는 가십(gossip)은 살인보다도 위험하다. 살인은 한 사람밖에 죽이지 않으나, 가십은 반드시 세 사람의 인간을 죽인다. 즉 가십을 퍼뜨리는 사람 자신, 그것을 반대하지 않고 듣고 있는 사람, 그 화제가 되는 사람. —탈무드

목표를 향한 집념과 견고한 태도를 길러주는 명언 4가지

✒ 확실한 목표의 견고함은 가장 필수적인 인격의 기반 중 하나이며, 성공하기 위한 최고의 도구 중 하나입니다. 만일 목표의 견고함이 없다면 우리는 모순의 미로 속에서 노력을 낭비하게 될 것입니다. 더 나은 미래와 성공을 위해서 견고한 목표와 함께 부단한 노력을 펼쳐 보세요.

• 목표를 끝까지 관철하고야 말겠다는 집념은 기개가 있는 자의 정신을 단단히 받치고 있는 기둥이며, 성공의 최대 조건이다. 이것이 없다면 아무리 천재라고 할지라도 이리저리 방황하게 되고 헛되이 에너지를 소비할 뿐이다.　　　　　　　　　　　　　　　　　－필립 도머 체스터필드

• 온실에 잡초가 자라고 있었습니다. 아무리 뽑아도 죽지 않고 자라나기에 잡초에 물었습니다. "네 목숨은 왜 그토록 질긴 것이냐?" 잡초가 대답했습니다. "뿌리가 깊기 때문입니다."　　　　　－유영만, 「용기」中

• 나는 오랫동안 명상한 결과 다음과 같은 확신을 스스로 얻게 되었다. 확고한 목표를 지닌 인간은 그것을 반드시 성취하게 되어 있으며 그것을 성취하고자 하는 그의 의지를 꺾을 만한 것은 아무것도 없다.

　　　　　　　　　　　　　　　　　　　　　－벤저민 디즈레일리

• 성공하려는 본인의 의지가 가장 중요하다.　　　　－에이브러햄 링컨

기회를 놓치지 말 것을 당부하는 명언 5가지

기회는 새와 같습니다. 내 품으로 들어와 다른 곳으로 날아가기 전에 붙잡아야 하지요. 만약 그 순간을 놓친다면 떠난 그 새는 영영 돌아오지 않겠지요? 다음 명언들과 함께 앞으로 다가올 기회를 잡기 위해 노력하도록 하세요.

- 사람들이 대개 기회를 놓치는 이유는 기회가 작업복 차림의 일꾼 같아 일로 보이기 때문이다. ―토머스 에디슨

- 때를 놓치지 마라. 이 말은 인간에게 주어진 영원한 교훈이다. 그러나 인간은 이것을 그리 대단치 않게 여기기 때문에 좋은 기회가 와도 그 것을 잡을 줄 모르고 때가 오지 않는다고 불평만 한다. 하지만 때는 누구에게나 오는 것이다. ―앤드류 카네기

- 신중하지 않으면 찾아온 기회를 놓치기 일쑤이다. ―퍼블릴리어스 사이러스

- 사람이 인생에서 가장 후회하는 어리석은 행동은 기회가 있을 때 저지르지 않은 행동이다. ―헬렌 롤랜드

- 누구든지 좋은 기회가 없었던 것은 아니다. 다만 그것을 적시에 포착할 수 없었을 뿐이다. ―앤드류 카네기

아무것도 하지 않는 것에도 가치가 있는 명언 4가지

아무것도 하지 않고 있다는 것은 아무것도 하지 않고 있는 것이 아닙니다. 아무것도 하지 않고 있다는 것은 곧 무엇이든 할 수 있는 자유로운 것을 의미하지요. 멈춰 있는 지금 이 순간의 가치에 대해 다시 한 번 되짚어 보세요.

• 나는 아무것도 하지 않고 호숫가에 한 시간 동안 앉아 있을 수 있다. 내게는 그때가 꿈을 꾸는 시간이며, 그것으로 내 마음은 가라앉는다.

—다이안 소여

• 때로는 아무것도 아니라고 생각했던 사람이 아무도 생각할 수 없는 일을 해내거든요.

—영화, 〈이미테이션 게임〉 中

• 아무것도 하지 않는다거나, 휩쓸려 간다거나, 들을 수 없는 것에 귀를 기울인다거나. 이런 것들의 가치를 과소평가하지 마.

—애니메이션, 〈곰돌이 푸〉 中

• 아무것도 하지 않는 것에도 가치가 있다.

—요한 괴테

내적으로 평온을 강조하는 명언 3가지

🖋 아무리 급한 문제라도 평온한 마음으로 그것을 다룰 수 있는 사람이 진정한 마음의 부자입니다. 다음 명언들과 함께 내적으로 평온함이 어떤 가치를 지니고 있는지 느껴 보세요.

• (내가 영화 '프리다'에서 연기했던 화가인) 프리다 칼로가 내 삶에 가져다준 가장 큰 변화는 지금과 같은 평온함이었다. 지금도 열정에 휩싸일 때가 있지만, 나의 열정은 전처럼 산만하지도 절박하지도 않다. 나의 열정은 이처럼 현실에 두 발 딛고 평온하므로 훨씬 더 강렬하다.

—셀마 헤이엑

• 먼저 스스로 마음의 평온을 유지해야 다른 사람도 평온하게 할 수 있다.

—토머스 어 켐피스

• 나는 평생 많은 일을 게으르게 처리했다. 그러나 마음의 수양만은 게을리하지 않았다. 모반했다는 어처구니없는 혐의를 받고도 이상하게 마음만은 평온하였다. 다시금 죽어야 한다는 연락이 왔을 때도 나는 침착할 수 있었다. 마음이 더없이 평온한 지금 진실을 밝혀 달라는 탄원도 귀찮게만 느껴진다. 나는 삶과 죽음의 경계를 마음으로 넘어섰다.

—세네카

인생의 의미를 생각해 볼 수 있는 명언 3가지

🖋 인생이 그대를 위하여 어떤 의미를 가졌는가를 묻는 것은 잘못된 질문입니다. 그대가 인생을 위하여 어떤 의미를 창조할 것인가를 인생이 도리어 그대에게 묻고 있다고 생각하세요. 당신만이 당신의 인생을 일구어 나갈 수 있는 주체임을 반드시 기억하세요.

- 인생의 의미를 말로 설명할 수는 없다. 각자가 겪어서 알아야 하는 것이기 때문이다.　　　　　　　　　　　　　　　　　　　－아이라 프로고프

- 인생의 의미는 생각하는 것만으로는 발견되지 않는다. 좀 더 구체적 상황으로 당면하는 도전에 자신을 내맡김으로써 발견되는 것이다. 지금 여기에 그대 자신을 내놓아라. 그대에게 주어진 상황, 현재라고 하는 이 시간에 그대를 내놓아라. 그렇게 하면 그대에게 의미가 명시될 것이다.　　　　　　　　　　　　　　　　　　　－빅터 프랭클

- 인생의 의미는 스스로 찾는 것이다. 인생을 비극이라 생각하는 사람에게는 비극이, 희극이라 생각하는 사람에게는 희극이 된다. 우리는 어차피 태어나고 말았다는 분명한 결과 앞에 서 있으므로 오직 잘 살아야 한다는 것만이 기쁨이며 법칙이다.　　　　　－윌리엄 사로얀

과대평가가 우리에게 끼치는
악영향에 대한 명언 3가지

🖋 인간은 분수와 같습니다. 분자는 자신의 실제이며, 분모는 자신에 대한 평가를 의미합니다. 분모가 클수록 분자는 작아짐을 기억하세요. 포장지에 불과한 과대평가는 우리에게 좋지 않은 영향을 끼치니까요.

• 사람들은 자신을 과대평가하는 경향이 있다. 운전자의 90퍼센트는 자신의 운전 능력이 평균 이상이라 생각하고, 94퍼센트의 교수는 자신이 평균적인 교수들보다 유머감각이 뛰어나다고 생각한다. 사람들은 실제 10개의 일만 하고도 15개의 일을 했다고 생각하는 경향이 있다.

-로버트 서튼

• 우리는 앞으로 2년 뒤에 닥쳐올 변화에 대해서는 과대평가하지만 10년 뒤에 올 변화는 과소평가하는 경향이 있다. 그렇다고 자신을 나태함으로 이끌지는 마라.

-빌 게이츠

• 겸손이란 비참한 마음으로 비굴해지는 것을 뜻하지 않는다. 그렇지만 그것은 결코 자기 자신을 과대평가하지 않는 분별력을 갖는 것이다.

-오바댜 그류

변화와 맞서 싸운다면 성공할 수 있다는 명언 5가지

🖋 혹시 당신은 과거나 현재의 상태에 안주하고 있지는 않나요? 과거와 현재의 성공에 기대지 말고, 과거의 실수로부터 배울 수 있는 사람이 되세요. 끊임없는 노력을 통해 변화와 당당히 맞선다면 당신은 당신 인생의 승리자로 남을 거예요.

• 변화를 일으키면 지도자가 되고, 변화를 받아들이면 생존자가 되지만, 변화를 거부하면 죽음을 맞이하게 될 뿐이다.　　　　　—레이 노다

• 나쁜 습관을 바꾸려면 성공적인 역할 모델의 습성을 연구해야 한다.

　　　　　—잭 캔필드

• 매일 밤 긍정적인 글을 읽고 매일 아침 도움이 되는 말에 귀를 기울여라.　　　　　—톰 홉킨스

• 다른 사람들을 정복하는 사람은 강한 자다. 자기 자신을 정복하는 사람은 위대한 자다.　　　　　—노자

• 진정으로 당신의 삶을 바꾸고 싶거든 당신을 에워싼 것부터 바꿔라.

　　　　　—앤드류 매튜스

당신은 충분히 사랑받을 가치가 있음을 알려 주는 명언 5가지

셰익스피어는 말합니다. "누구의 소유물이 되기에는, 누구의 2인자가 되기에는, 또 세계의 어느 왕국의 쓸만한 하인이나 도구가 되기에는 나는 너무나 고귀하게 태어났다." 당신은 누구보다 소중하고 충분히 사랑받을 가치가 있는 사람임을 잊지 마세요.

- 당신은 다만 당신이란 이유만으로도 사랑과 존중을 받을 자격이 있다.

  —앤드류 매튜스

- 당신은 수많은 별과 마찬가지로 거대한 우주의 당당한 구성원이다. 그 사실 하나만으로도 당신은 자신의 삶을 충실히 살아가야 할 권리와 의무가 있다.

  —맥스 에흐만

- 당신만이 느끼고 있지 못할 뿐, 당신은 매우 특별한 사람이다.

  —데스몬드 투투

- 바다를 그대 혈관에 흐르게 하고 하늘을 그대의 옷으로 삼아 머리에 별을 관으로 쓸 때, 비로소 그대는 세계를 올바르게 즐긴다. 그대 자신이 온 세상의 유일한 상속자임을 알아라.

  —토머스 트러헌

- 모두가 중요한 존재이다. 누구보다 더 중요한 사람은 존재하지 않는다.

  —블레즈 파스칼

장애물을 기회로 삼아야 한다는 명언 8가지

🖋 힘겨운 상황에 부닥치고 모든 것이 장애로 느껴질 때, 단 1분조차도 더는 견딜 수 없다고 느껴질 때, 그때야말로 결코 포기할 시기가 아닙니다. 바로 그 시점과 위치에서 상황은 바뀌기 시작합니다. 장애물은 당신을 그 자리에 주저앉히는 것이 아니라, 성장할 수 있는 발판이자 기회임을 기억하세요.

- 장애물을 만나면 이렇게 생각하라. "내가 너무 일찍 포기하는 것이 아닌가?" 실패한 사람들이 '현명하게' 포기할 때, 성공한 사람들은 '미련하게' 참는다. —마크 피셔

- 독수리가 더 빨리, 더 쉽게 날기 위해 극복해야 할 유일한 장애물은 '공기'다. 그러나 공기를 모두 없앤 다음 진공 상태에서 날게 하면, 그 즉시 땅바닥으로 떨어져 아예 날 수 없게 된다. 공기는 저항이 되는 동시에 비행을 위한 필수조건이기 때문이다. 마찬가지로 인간의 삶에서도 장애물이 성공의 조건이다. —존 맥스웰

- 승마경기에서 장애물은 장애물이 아니라 승마라는 경기를 있게 해 주는 결정적 요소다. 장애물을 넘었기 때문에 승마경기를 했다고 할 수 있는 것이다. 꿈도 마찬가지다. 장애물은 옵션이 아니다. 장애물이 있기 때문에 승마경기가 성립되는 것이고, 장애물이 있기 때문에 꿈을 이룰 가치가 있는 것이다. —채인영, 「꿈 PD 채인영입니다」中

- 수많은 싸움과 셀 수 없는 패배 끝에 성공할 수 있다는 점에서 장애물은 필수적이다. 싸움과 패배는 당신의 실력과 힘을 강화하고, 용기와 인내력을 키우며, 능력과 자신감을 높일 것이다. 한마디로 모든 장애는 당신을 발전시키는 동지이다. －오그 만디노

- 장벽이 있는 것은 다 이유가 있기 때문이다. 우리를 내몰려고 장벽이 있는 것이 아니다. 장벽은 우리가 무엇인가를 얼마나 절실히 원하는지 깨달을 수 있도록 기회를 제공하는 것이다. 왜냐하면, 장벽은 그것을 절실하게 원하지 않는 사람들을 멈추게 하려고 거기 있기 때문이다. 장벽은 당신이 아닌, 다른 사람들을 멈추게 하려고 거기 있는 것이다. －랜디 포시, 「마지막 강의」中

- 그 앞에서 움츠러들지 않고 대담하게 뚫고 나갈 결심을 굳힌다면 우리를 가로막는 장애물 대부분은 사라질 것이다. －오리슨 스웨트 마든

- 100개의 문을 두드렸는데 모두가 '아니오!'라고 말한다 해도 101번째 문 앞에 섰을 때는 첫 번째 문을 두드렸을 때와 똑같이 열정적이어야 한다. 기회는 101번째 문에서 찾아올지도 모르기 때문이다. －제프리 폭스, 「CEO가 말하는 것」中

- 실패를 걱정하지 말고 부지런히 목표를 향해 노력하라. 노력한 만큼 보상 받는다. －노먼 빈센트 필

나의 경쟁자는 자신임을 알려 주는 명언 3가지

🖋 사람들은 내가 아닌 타인으로부터 경쟁의식을 느낍니다. 그러나 남들보다 더 잘 하려고 고민하진 마세요. 진정한 나의 경쟁자는 나 자신입니다. 지금의 나보다 더 잘 하려고 애쓰는 사람만이 온전한 성장을 이뤄낼 수 있지 않을까요?

• 경쟁에는 좋은 경쟁과 나쁜 경쟁이 있다. 좋은 경쟁의 주체는 '자신'이 다. 오로지 자신에게 충실하며 최선의 목표를 향해 전력 질주하는 경 쟁이다. 반면 나쁜 경쟁의 주체는 '남'이다. 사사건건 남을 의식하고 남 과 비교하며, 이기는 데 목표를 둔 경쟁이다. 인생이라는 마라톤의 참 된 의미는 순위 다툼이 아니라 자신과 싸워 자신의 역량을 최대한 발 휘하는 데 있다. ─강지원, 「세상 어딘가엔 내가 미칠 일이 있다」 中

• 나의 유일한 경쟁자는 어제의 나다. 눈을 뜨면 어제 살았던 삶보다 더 가슴 벅차고 열정적인 하루를 살려고 노력한다. 연습실에 들어서며 어제 한 연습보다 더 강도 높은 연습을 한 번, 1분이라도 더 하기로 마 음먹는다. 어제를 넘어선 오늘을 사는 것, 이것이 내 삶의 모토다. ─강수진, 「나는 내일을 기다리지 않는다」 中

• 인간 최대의 승리는 내가 나를 이기는 것이다. ─플라톤

마음을 두지 않는다면
걱정과 불안은 생기지 않습니다

법정 스님의 책으로 '무소유(無所有)' 열풍이 분 적이 있습니다.
우리는 아무것도 가지지 않고 살아갈 수는 없습니다.
하지만 이 세상에서 아무것도 내 것이 아니라는 생각을
가진다면 물질에 대한 욕심을 줄일 수는 있습니다.
적게 소유하고 그것들에조차 마음을 두지 않는다면
걱정과 불안은 생기지 않게 됩니다.

목표를 정해야 하는 이유에 대한 명언 3가지

보이지 않는 과녁은 맞힐 수 없으며, 이미 존재하지 않는 목표는 볼 수 없습니다. 진정으로 원하고자 하는 방향으로 나아가기 위해선 정확한 목표가 필요함을 명심하세요.

· 목적 없이 행동하지 마라. 처세를 위한 바르고 훌륭한 원칙이 명하는 데 따라 행동하는 이외의 어떤 행위도 하지 마라.　　　　　　－아우렐리우스

· 우리가 어떤 목표 없이 인생을 허송세월한다면 그 일생은 물론 단 하루라도 인생의 존귀한 것도 모르고 말 것이다. 인생이란 설명보다도 성실히 사는 사람에게는 저절로 터득되는 것이다. 먼저 아침 식사 때에 조용히 감사하며, 자신의 성실을 자각할 수 있어야 한다. 인생은 흘러가는 것이 아니고, 성실로써 내용을 이루어가고 있다. 인생은 하루하루를 보내는 것이 아니고, 하루하루를 내가 가진 무엇으로 채워가야 한다.　　　　　　－존 러스킨

· 사람은 목적 없이 세상을 살아가서는 안 된다. 인간은 자기 나름대로 어떠한 목표를 정하고 착실하게 살아 나가야 한다. 아무런 목표 없이 그날그날을 산다면 동물이나 다를 바가 조금도 없다.　　　　　　－알베르 카뮈

부단한 연습과 노력 끝에
성공이 있다는 명언 4가지

국가대표 육상 선수나 피아니스트 혹은 배우 누구든 좋습니다. 그들에게 연습을 쉬어도 되겠다고 느낀 적이 한순간이라도 있는지 물어 보세요. 아마 자기 분야에서 인정받는 사람일수록 이렇게 말할 것입니다. "갈수록 연습할 게 더 많아져요." 성공의 기저에는 무한한 연습과 노력이 존재한다는 사실을 잊지 마세요.

- 사나운 말도 잘 길들이면 명마가 되고, 품질이 나쁜 쇠붙이도 잘 다루면 훌륭한 그릇이 되듯이 사람도 마찬가지다. 타고난 천성이 좋지 않아도 열심히 노력하면 뛰어난 인물이 될 수 있다. —채근담

- 자기 세계를 인정받기 위해서는 피나는 연습을 해야 한다. 하루를 연습하지 않으면 저 자신이 알고, 이틀을 연습하지 않으면 친구가 알고, 사흘을 연습하지 않으면 관객이 안다. —루빈스타인(피아니스트)

- 매일 정신이 아득할 정도로 많은 시간을 연습에 쏟고 나면 이상한 능력이 생긴다. 다른 선수들에게는 없는 능력이 생긴다. 예를 들면 투수가 공을 던지기 전부터 그 공이 커브인지 직구인지 알 수 있게 된다. 그리고 날아오는 공이 수박처럼 크게 보이게 된다. —행크 아론(야구선수)

- 끊임없이 노력하라. 체력이나 지능이 아니라 노력이야 말로 잠재력의 자물쇠를 푸는 열쇠다. —윈스턴 처칠

서두르지 않아도 된다는
명언 5가지

신중하되 천천히 하세요. 빨리 뛰면 넘어지고 맙니다. 서두르는 것이 중요한 것이 아니라, 넘어지지 않고 무사히 목표 지점까지 완주할 수 있다는 사실이 중요한 것입니다. 당신이 원하는 바를 완벽하게 이루기 위해서는 느림의 미학이란 가치가 필요하니까요.

• 험한 언덕을 오르려면 처음에는 서서히 걸어야 한다.

-윌리엄 셰익스피어

• 성급함 때문에 당하는 큰 손해의 하나는 우습게도 무척 많은 시간이 걸린다는 것이다.

-G.K. 체스터톤

• 일을 일찍 끝내라고 함부로 다그치게 되면 결국 어떤 일이든 제대로 되는 법이 없다.

-공자

• 일은 급히 서두르면 명백해지지 않되 늦추면 혹 절로 밝혀지는 수가 있나니 조급하게 굴어 그 분함을 불러들이지 마라. 사람은 부리고자 하면 순종하지 않되 놓아두면 혹 감화되는 수가 있나니 심하게 부리어 그 고집을 보태어 주는 일이 없도록 하라.

-채근담

• 가장 중대한 실수는 조급함 때문에 일어난다.

-마이크 머독

지금 이 순간의 소중함을 일깨워 주는 명언 4가지

한창때는 다시 오지 않으며 하루가 지나면 그 새벽은 다시 오지 않습니다. 하릴 없이 흘러간 세월은 사람을 기다려 주지 않습니다. 지금부터는 오늘 하루 그리고 찰나의 순간을 소중히 생각하여 시간을 보내는 것은 어떨까요?

• 지금이야말로 일할 때다. 지금이야말로 싸울 때다. 지금이야말로 나를 더 훌륭한 사람으로 만들 때다. 오늘 그것을 못하면 내일 그것을 할 수 있는가.

　　　　　　　　　　　　　　　　　　　　　　－토머스 아켐피스

• 희망과 근심, 공포와 불안 가운데 그대 앞에 빛나고 있는 하루하루를 마지막이라고 생각하라. 그러면 예측할 수 없는 시간은 그대에게 더 많은 시간을 줄 것이다.

　　　　　　　　　　　　　　　　　　　　　　　　　　－호레스

• 내가 헛되이 보낸 오늘 하루는 어제 죽어간 이들이 그토록 바라던 하루이다. 단 하루면 인간적인 모든 것을 멸망시킬 수 있고 다시 소생시킬 수도 있다.

　　　　　　　　　　　　　　　　　　　　　　　　　－소포클레스

• 오늘 하루를 헛되이 보냈다면 커다란 손실이다. 하루를 유익하게 보낸 사람은 하루의 보물을 파낸 것이다. 하루를 헛되이 보냄은 내 몸을 헛되이 소모하고 있다는 것을 기억해야 한다. 　　　　－앙리 프레데리크 아미엘

겨울이 가면 봄이 온다는
희망을 주는 명언 4가지

🖋 진정한 기쁨은 어두컴컴한 밤을 지나 아침에 옵니다. 역경 속에서도 희망이라는 끈을 놓지 않고 살아갈 수 있는 지혜를 주는 다음 명언들과 함께 공감해 보세요.

• 기분이 너무 안 좋을 때는 절대 중요한 결정을 내리지 마라. 잠시만 기다리자. 그리고 조금만 참아라. 폭풍은 지나가고 봄이 찾아올 것이다.

–로버트 H. 슐러

• 겨울이 오면 봄이 멀지 않으리. –퍼시 셸리

• 봄철이 찾아들어 시절이 화창하면 꽃들도 한결 빛을 땅에 깔고 새들도 또한 아름답게 지저귀나니, 선비가 다행히 이 세상에 두각을 나타내어 편안하게 지내면서도 좋은 말과 좋은 일을 할 생각조차 하지 않는다면 비록 이 세상에서 백 년을 산다고 해도 하루도 살지 않음과 같으니라.

–채근담

• 만일 우리에게 겨울이 없다면, 봄은 그토록 즐겁지 않을 것이다. 우리가 이따금 역경을 맛보지 않는다면, 성공은 그토록 환영받지 못할 것이다.

–앤 브래드스트리트

칠전팔기의 자세를 알려 주는 명언 4가지

✒ "나는 젊었을 때 10번 시도하면 9번 실패했다. 그래서 10번씩 시도했다."는 조지 버나드 쇼가 한 말입니다. 당신은 몇 번이나 실패했나요? 10번 실패하였더라도 다시 일어나 11번째 시도를 하세요.

- 성공의 비결이요? 나는 젊었을 때 정치에 뜻을 두고, 여러 가지 고통스러운 일을 많이 겪었고 실패도 많이 했습니다. 하지만 굴하지 않고 열심히 노력한 끝에 대통령이 되었습니다. 돌이켜 보면 나는 일곱 번 넘어지면 여덟 번 일어났던 것 같습니다. ─프랭클린 루스벨트

- 최고의 명예는 실패하지 않는 것이 아니라 실패할 때마다 몇 번이고 다시 일어나는 것에 있다. ─랠프 왈도 에머슨

- 가장 빠르고, 가장 똑똑하고, 가장 총명하고, 가장 부유한 사람에게 큰 승리는 오지 않는다. 큰 승리는 넘어질 때마다 일어나는 사람에게 오는 것이다. ─헨리엣 앤 클라우저, 「종이 위의 기적, 쓰면 이루어진다」中

- 우리의 최대의 영광은 한 번도 실패를 안 했다는 것이 아니고, 넘어질 때마다 일어나는 점에 있다. ─골드 스미스

잘못을 인정하는 태도가 필요하다는 명언 4가지

당신은 잘못을 인정하는 것을 부끄럽게 여기나요? 그렇다면 좀 더 당당해져도 괜찮습니다. 잘못을 인정한다는 태도는 다시 말하면 오늘은 어제보다 현명해졌다는 뜻이기 때문입니다. 만약 지금 잘못한 일이 있다면, 상대방에게 "잘못했다."고 인정해 보는 것은 어떤가요?

• 항상 잘못을 인정하라. 그러면 권한이 있는 사람들이 경계심을 버릴 것이며 당신에게 더 많은 잘못을 저지를 기회가 주어질 것이다.

—마크 트웨인

• 잘못을 알고도 고치지 않는 것이 진정한 잘못이니라.　　　　—공자

• "제가 잘못했어요."라는 한마디는 긍정적인 사람들의 말이다. 이 말은 불편한 인간관계로부터 오는 고통을 사라지게 하고, 협상을 진행하며, 논쟁을 끝내고, 치유를 시작하고, 심지어 적을 친구로 바꾸는 일을 할 수 있다.　　　　—리치 디보스

• 자기의 잘못을 인정하는 것처럼 마음이 가벼워지는 일은 없다. 그러나 자기가 옳다는 것을 인정받으려고 하는 것처럼 마음이 무거운 것은 없다.　　　　—탈무드

스스로가 기회를 만들어내고 발견할 수 있도록 도와주는 명언 5가지

아직 자신에게는 좋은 기회가 찾아오지 않았다고 생각하나요? 혹시 스스로 좋은 기회를 만들기 위해 노력한 경험은 있나요? 당신이 적극적으로 행동할 때만이 기회가 찾아오는 시기라는 점을 기억하세요.

- 그대에게 유리한 기회가 없다고 하지 마라. 기회는 그쪽에서 찾아오는 것이 아니라, 이쪽에서 발견해야 한다. 모든 기회는 그것을 볼 줄 알고 휘어잡을 줄 아는 사람이 나타나기 전까지는 잠자코 있다.

  −로렌스 굴드

- 현명한 자는 찾아내는 것보다 더욱 많은 기회를 만든다.

  −프랜시스 베이컨

- 기회는 노크하지 않는다. 그것은 당신이 문을 밀어 넘어뜨릴 때 모습을 드러낸다. −카일 챈들러

- 비관론자들은 모든 기회에 숨어 있는 문제를 보고, 낙관론자들은 모든 문제에 감추어져 있는 기회를 본다. −데니스 웨이틀리

- 사람은 기회를 발견함과 동시에 또 스스로 이를 만들지 않으면 안 된다.

  −라블레

예측하는 습관을 길러주는
명언 4가지

예언자나 지도자가 말하거나 소망한 대로 이 세상이 이루어진 적은 한 번도 없었습니다. 그러나 예언자나 지도자가 없었다면 전혀 아무것도 '행해지지' 않았을 테지요. 다음 명언들과 함께 예측하는 습관의 중요성을 되새겨 보세요.

- 사람들의 행동을 유심히 관찰하라. 그들의 미래, 불행과 행복을 예측해 볼 수 있을 것이다.

  －노자

- 우리에게 일어나는 모든 상황은 장미가 봄에 꽃이 피고 여름에 열매를 맺는 것과 똑같은 이치에 있다. 따라서 이를 예측해 보기란 매우 쉬운 일일 것이다. 병 뒤엔 죽음이, 중상모략 뒤엔 함정이, 또 즐거운 일 뒤엔 늘 슬픈 일이 따라오게 마련인 것이다.

  －마르쿠스 아우렐리우스, 「명상록」 中

- 곤경을 예측하지 못하는 것은 일상생활의 게으름에서 비롯된다.

  －츠치코우

- 다양하게 예측하라. 항상 여러 각도에서 상황을 살피고 분석하라. 판단력을 흐리게 만드는 '반복효과'에 속지 마라. 보고 싶은 것만 보는 것을 경계하라.

  －다니엘 R. 카스트로, 「위대한 선택」 中

남의 탓으로 돌리지 않는 현명한 명언 4가지

궁수는 화살이 빗나가면 자신을 돌아보고 자기 안에서 문제를 찾습니다. 화살을 명중시키지 못한 것은 결코 과녁의 탓이 아닙니다. 이처럼 나의 행동이나 잘못에 대해서는 다른 사람이나 환경에서 문제를 찾지 말고, 본인의 탓으로 돌려야 합니다. 제대로 과녁을 맞히고 싶은 궁수가 스스로 다그치며 수련을 하는 것처럼 말예요.

- 부하의 잘못을 자신의 책임으로 돌리는 사람은 훌륭한 지도자이다. 어리석은 지도자는 자신의 잘못까지도 부하의 책임으로 돌린다.

  —주세페 마치니(이탈리아 정치인)

- 무슨 일을 시작하여 실패했을 때, 이것은 내가 마음을 닦지 못했고 덕이 부족한 탓이라고 돌려야 한다. … 그릇이 작은 사람일수록 성공하면 그것을 제 자랑으로 삼고 실패하면 남의 탓으로 돌린다. —채근담

- … 또 과거의 어떤 잘못을 고민하다가 그 원인을 남의 탓으로 돌리려 한다. 잘못을 잘못대로 묻어버린다면 그 원인을 남의 탓으로 돌리지 않아도 될 것이다. —로렌스 굴드

- 내 행동은 내가 책임지고, 남의 탓으로 돌리지 말자. —제임스 가필드

더 높은 목표를 바라봐야한다는 명언 4가지

✎ 사람은 그 마음속에 정열이 불타고 있을 때 가장 행복하다고 느낍니다. 정열이 식으면 사람은 급속도로 퇴보할 것입니다. 아직 그대의 마음속에 정열이 불타고 있을 때, 더 높은 목표에 도전해 보세요.

• 성공한 사람은 대개 다음 목표를 세운다. 단, 이전에 성취한 것에 비해 지나치게 높지 않은 목표를 세운다. 이렇게 해서 꾸준히 자신의 포부를 키워나가는 것이다.　　　　　　　　　　　　　　－커트 르윈

• 목표에 도달하는 가장 확실한 방법은 그 목표가 아니라 그 너머의 더 야심 찬 목표를 향해 나아가는 것이라는 점은 역설적이지만 참되고 중요한 인생의 원칙이다.　　　　　　　　　　　　　　－아널드 토인비

• 목표를 달성하면 더 높은 목표를 세운다. 또 달성한다. 그리고 목표를 다시 높게 재조정한다. 이것은 절대 끝나지 않는 과정이다. 일을 잘하는 사람은 이 과정을 되풀이한다.　　　　　　　　　　　　－짐 콜린스

• 목표를 지나칠 정도로 많이 세우고 더 많은 목표를 계속 추가하라. 목표는 한꺼번에 실현되는 경향이 있다.　　　　　　　－마크 빅터 한센

사소한 것들에서 오는 행복을 상기시켜 주는 명언 3가지

🪶 사소한 것들을 소중히 여길 줄 아는 태도가 필요합니다. 왜냐하면, 바로 그것들이 우리네 삶을 이루는 버팀목이니까요. 우리 함께 현재 본인의 주위에 존재하는 사소한 것들을 찾아 그 의미를 상기시켜 볼까요?

• 나는 지금 행복하다. 오히려 예전보다 많은 것을 더 갖지 못했기에 행복하다. 시시하고 사소하다고만 생각했던 것들이 때로 눈물겹게 소중하고 감사하다는 것을 알았기 때문이다. ─「그래도 행복해지기」中

• 사소한 것들이 모여 사건이 된다. 하찮은 만남, 사소한 만남은 없다. 인생을 변화시키는 운명적 만남도 처음에는 하찮고 사소한 우연에 불과했다. 지금 만나는 사람, 지금 머무는 장소, 지금 나눈 대화가 어쩌면 미래를 바꾸고 역사를 바꿀 아주 중대한 것들일 수 있다.

─김이율, 「청춘, 홀로 서면 외롭지 않다」中

• 사소한 것에 목숨 걸지 말라는 말 들어본 적 있나? 내가 여기까지 자네를 찾아온 이유가 바로 그거네. 사소한 것은 우리 삶에 큰 그림을 이루는 바탕이야. 많은 사람이 자네처럼 생각하고 살지. 하지만 그건 잘못된 생각이야. 모두가 큰 그림을 봐야 한다며 사소한 것을 무시하지만, 그 큰 그림이 결국 사소한 것으로 이루어진다는 사실을 잊고 있지.

─앤디 앤드루스, 「오렌지 비치」中

생각으로부터 성공의 가능성이 실현된다는 명언 4가지

어떤 생각을 한다는 것은 발전의 시작입니다. 그리고 그 생각은 구체화됩니다. 또한, 강렬한 생각은 모든 것을 실현해 줍니다. 생각으로부터 성공의 가능성이 이뤄지는 기적을 다 함께 경험해 보지 않겠습니까?

- 여유로운 사색에 잠기는 것은 한낮의 더위로 빛을 잃고 지쳐버린 생각을 밤에 오는 비처럼 소생시킨다.　　　　　　　　　　－앙리 프레데리크 아미엘

- 깊이 생각하라. 그리고 먼저 그대의 사상을 풍부히 하라. 저 커다란 건물이라고 할지라도 먼저 인간의 두뇌 속에 그 형체를 이룩하고 그런 연후에 그것이 건물이 되어 나타난 것이다. 현실이란 사상의 그림자에 불과하다.　　　　　　　　　　　　　　　　　　　　　－토머스 칼라일

- 초점을 잃었다면 그 자리에 가만히 앉아서 생각을 이리저리 굴려 보라. 일부 생각은 간직하고 일부는 버려라. 그러면 저절로 생각이 새로워질 것이다. 당신이 할 일은 그것뿐이다.　　　－클라리사 핀콜라 에스테스

- 인간의 모든 존엄성은 사고에 있는 것이다. 우리는 결코 우리가 채울 수 있는 공간이나 시간에 의해서 자기 회복을 할 것이 아니라, 바로 이 사고에 의존해서 해야 한다. 그러므로 우리는 사고를 잘하려고 노력해야 한다. 그것이 바로 도덕의 기본 법칙이다.　　　　　　－블레즈 파스칼

주어진 시간을 잘 활용하는 것이 현명하다는 명언 5가지

역설적이게도 가장 바쁜 사람이 가장 많은 시간을 가질 수 있다는 사실 알고 있나요? 주어진 시간을 얼마나 잘 활용하느냐가 중요합니다. 부지런히 노력하는 사람만이 결국 많은 대가를 얻을 수 있음을 명심하세요.

- 우리의 하루는 옷 가방과 같은 것이다. 그 옷 가방은 크기가 똑같다. 하지만 어떤 사람들은 다른 이들보다 그들의 옷 가방 속에다 더 많은 옷을 집어넣을 수 있다.
  —P. L. 엔델

- 세월은 누구에게나 공평하게 주어진 자본금이다. 이 자본을 잘 이용한 사람에겐 승리가 있다.
  —아뷰난드

- 시간을 소모하는 이는 기회를 소모하는 것이다. 시간을 허비하는 데 따르는 심판이 있음을 유념하고 시간을 활용하도록 하라.
  —리차드 백스터

- 시간의 걸음걸이에는 세 가지가 있다. 미래는 주저하면서 다가오고, 현재는 화살처럼 날아가고, 과거는 영원히 정지하고 있다.
  —F. 실러

- 시간을 지배할 줄 아는 사람은 인생을 지배할 줄 아는 사람이다.
  —에센 바흐

긍정적인 믿음이 가져오는 놀라운 변화에 대한 명언 4가지

항상 뒤를 돌아보고 후회하는 사람들은 당장 앞에 놓인 것을 시야에서 놓치기 마련입니다. 앞을 내다보면서 긍정적인 믿음을 가지고 나아갈 수 있는 사람만이 본인의 꿈을 이룰 수 있습니다. 꿈을 현실로 만들고 싶다면 다음 명언들을 마음에 새겨 긍정적인 믿음을 가져 보세요.

• 내게 있어 승자란 신이 부여한 재능을 인정하고 그것을 기술로 발전시키기 위해 무한한 노력을 기울이며 그렇게 얻은 기술을 목표 달성에 활용하는 자이다. 나는 패배했을 때조차도 나의 약점이 무엇인지 배웠으며 다음날 그 약점을 강점으로 전환하기 위해 노력했다.

－래리 버드

• 누군가는 언제나 다른 누군가가 불가능하다고 말한 어떤 일을 하고 있다.

－작자 미상

• 할 수 있다는 믿음을 가지면 처음에는 그런 능력이 없을지라도 결국에는 할 수 있는 능력을 확실히 갖추게 된다.

－마하트마 간디

• 불가능하다고 생각하면 그 어떤 것도 가능하지 않으며, 가능하다고 생각하면 그 어떤 것도 불가능하지 않다. 긍정적으로 생각하고 노력을 기울여라. 그러면 무엇이든 가능하다.

－토머스 J. 빌로드

인생은 더불어 사는 것임을 알려 주는 명언 4가지

샘물은 강물과 강물은 바다와 하나가 됩니다. 하늘의 바람은 영원히 달콤한 감정과 섞입니다. 세상에 외톨이인 것은 하나도 없으며, 만물은 신성한 법칙에 따라 서로 다른 것과 어울리는데 어찌 나라고 당신과 하나 되지 못할까요.

* 강풍이 자주 부는 미국 서부 해안에는 세쿼이아 나무가 산다. 이 나무는 뿌리가 얕아서 바람에 쉽게 날아갈 것 같은데, 거센 강풍이 불어도 쉽사리 날아가는 법이 없다. 혼자 자라지 않고, 꼭 여럿이 숲을 이루고 얕은 뿌리지만 서로 단단히 얽혀 있기 때문이다.

  –오종환, 「행복할 때 살피고 실패할 때 꿈꿔라」中

* 도움이 될 만한 사람과 그 일을 함께하라. 누군가와 함께하면 혼자 하는 것보다 효과적이고 포기하지 않는다. –윌리엄 메닝거

* 벌들은 협동하지 않고는 아무것도 얻지 못한다. 사람도 마찬가지다.

  –E. 허버트

* 함께 쌓아올리는 것과 각자 쌓아올리는 것은 별개의 행위다. 쌓아올린 높이는 같다 할지라도 그 둘은 별개의 봉우리이며, 다른 정상으로 이어진다. –히키가야 하치만

후회 없는 삶을 위한
명언 4가지

지나가 버린 어제의 시간을 절대로 후회하지 마세요. 인생은 오늘의 나 안에 있고, 내일은 스스로가 만드는 것입니다. 현재에 머무는 지금 이 순간, 후회 없는 삶을 위해 최선을 다해서 살아 보세요.

• 춤추라, 아무도 바라보고 있지 않은 것처럼.

　사랑하라, 한 번도 상처받지 않은 것처럼.

　노래하라, 아무도 듣고 있지 않은 것처럼.

　일하라, 돈이 필요하지 않은 것처럼.

　살라, 오늘이 마지막 날인 것처럼.

－알프레드 디 수자, 〈사랑하라, 한 번도 상처받지 않은 것처럼〉中

• 절대 후회하지 말 것, 뒤돌아보지 말 것을 인생의 규칙으로 삼아라.

　후회는 쓸데없는 기운의 낭비이다. 후회로는 아무것도 이룰 수 없다.

　단지 정체만 있을 뿐이다.　　　　　　　　－캐서린 맨스필드

• 한때 자신을 미소 짓게 하였던 것에 대해 절대 후회하지 마라.

　　　　　　　　　　　　　　　　　　　　　　－엠버 데커스

• 낭비한 시간에 대한 후회는 더 큰 시간 낭비다.　　　－메이슨 쿨리

희생의 숭고함을 알려 주는
명언 4가지

✎ 많이 희생할수록 그 가치는 존중됩니다. 또한, 희생 없이는 풍족한 것을 창조할 수 없습니다. 살면서 대의를 위해 희생이라는 양보를 실천해 보는 것도 가치 있는 일 아닐까요?

• 혼자 생활을 하거나 다른 사람들과 관계를 맺으며 생활을 하거나 단한 가지 지켜야 할 원칙이 있습니다. 곧 인생을 가치 있게 살고자 원한다면 기꺼이 자신을 희생할 준비가 되어 있어야 한다는 것입니다.

—레프 톨스토이

• 모든 위대한 사람의 발자취를 보라. 그들이 걸어온 길은 고난의 길이며 자기희생의 길이었다. 자기를 희생할 줄 아는 사람만이 위대해질수 있다.

—G. E. 레싱

• 한 자루의 양초로 많은 양초에 불을 옮겨 붙이더라도 첫 양초의 빛은 흐려지지 않는다.

—탈무드

• 비누는 쓸수록 작아지는 하찮은 물건이지만 녹아 없어지면서 때를 씻어준다. 잘 녹지 않는 비누는 좋은 비누가 아니다. 자기를 희생하여 사회를 위해 일하지 않고 자기의 힘을 아끼는 비누는 나쁜 비누와 같다.

—존 워너메이커

가족의 소중함을 일깨워주는 명언 13가지

✒ 아무리 애쓰거나, 어디를 방랑하든, 우리의 피로한 희망은 평온을 찾아 가정으로 되돌아오기 마련입니다. 가장 힘들 때 가장 효과적인 마음의 안식처가 되는 가족의 소중함을 다시 한번 되새겨 보세요.

• 수프는 가족과 흡사한 데가 있다. 각각의 재료는 서로의 맛과 향을 더해 주고, 요리마다 독특한 특징이 있고, 완전한 맛을 내기 위해 끓이는 시간이 필요하다.
　　　　　　　　　　　　　　　　　　　　　　　　　　　–마지 케네디

• 가족을 빼고는 쓸 만한 소재를 생각할 수 없다. 가족은 다른 모든 사회 영역의 상징이다.
　　　　　　　　　　　　　　　　　　　　　　　　　　　–안나 퀸드랜

• 우리가 부모가 됐을 때 비로소 부모가 베푸는 사랑의 고마움이 어떤 것인지 절실히 깨달을 수 있다.
　　　　　　　　　　　　　　　　　　　　　　　　　　　–헨리 와드비처

• 사람의 뒷모습 중에서 가장 아름다운 모습은 저녁놀이 온 마을을 물들일 때 아궁이 앞에 쭈그리고 앉아 마른 솔가리를 꺾어 넣거나 가끔 솔방울을 던져 넣으며 군불을 때는 엄마의 뒷모습이다.
　　　　　　　　　　　　　　　　　　　　　　　　　　　–정호승

• 마른 빵 한 조각을 먹으며 화목하게 지내는 것이 진수성찬을 가득히 차린 집에서 다투며 사는 것보다 낫다.
　　　　　　　　　　　　　　　　　　　　　　　　　　　–잠언

- 이 세상에는 여러 가지 기쁨이 있지만, 그 가운데에서 가장 빛나는 기쁨은 가정의 웃음이다.　　　　　　　　　　　　　　　　　　－페스탈로치

- 가족들이 서로 주고받는 미소는 기분이 좋다. 특히 서로의 마음을 신뢰하고 있을 때는.　　　　　　　　　　　　　　　　　　－워싱턴 어빙

- 내가 이미 수천 번도 넘게 말했지만 이 자리서 한 번 더 말하고 싶다. 세상에서 부모가 되는 일보다 더 중요한 직업은 없다.　　－오프라 윈프리

- 눈물로 걷는 인생의 길목에서 가장 오래, 가장 멀리까지 배웅해 주는 사람은 바로 우리의 가족이다.　　　　　　　　　－권미경, 「아랫목」 中

- 가족들이 서로 맺어져 하나가 되어 있다는 것이 이 세상에서의 유일한 행복이다.　　　　　　　　　　　　　　　　　　　　　－마리 퀴리

- 가정이야말로 고달픈 인생의 안식처요, 모든 싸움이 자취를 감추고 사랑이 싹트는 곳이요, 큰사람이 작아지고 작은 사람이 커지는 곳이다.　　　　　　　　　　　　　　　　　　　　－허버트 조지 웰스

- 모든 행복한 가족들은 서로 서로 닮은 데가 많다. 그러나 모든 불행한 가족은 그 자신의 독특한 방법으로 불행하다.　　　　　　－톨스토이

- 가정은 나의 대지이다. 나는 거기서 나의 정신적인 영양을 섭취하고 있다.　　　　　　　　　　　　　　　　　　　　　　　－펄 벅

사랑의 진정한 의미를 깨닫게 해 주는 명언 4가지

사랑은 눈으로 보는 것이 아니라 마음으로 보는 것입니다. 상대방이 부족한 나를 마음으로 가득 채워준다면 그것은 진정한 사랑임이 틀림없겠죠. 다음 명언들과 함께 진정한 사랑의 의미에 함께 젖어볼까요?

- 사랑은 사람들을 하나로 묶어주는 힘이 있다. 사랑에 의해 타인은 나와 하나가 되고, 나는 그를 내 몸처럼 소중하게 여기게 된다.

  −토머스 아퀴나스

- 어릴 땐 지나가는 사람들이 모두 날 바라봐 주었으면 했어요. 하지만 지금은 오직 한 사람만 날 바라봐 주었으면 해요. 그것이 사랑이라고 믿어요.

  −메릴린 먼로

- 진짜 사랑은 언젠가는 상대의 마음에 가서 닿는다는 사실을 깨달았습니다. 그 사랑이 조용한 것일수록, 닿았을 때 마음의 울림은 더 크다는 것도 말입니다.

  −왕조현

- 요꼬와 내가 만나기 전에 우리는 반쪽짜리 인간이었습니다. 우리는 함께 있을 때 비로소 완전한 인간이 되었습니다. 사랑조차 우리 두 사람 사이를 비집고 들어올 수 없었습니다.

  −존 레논

이루어질 것은 이루어집니다

이루어질 것은 이루어지고
이루어지지 않을 것은 이루어지지 않습니다.
당연한 말 같지만 이해하기 쉬운 말은 아닙니다.
우리는 이루어지지 않을 일도 이루어진다고 생각하여
이를 위해 애쓰고 고민하게 됩니다.
이로 인해 불평불만과 푸념으로 불화가 생기고 자신은 물론
주위 사람의 마음까지 어둡게 만듭니다. 이루어지지 않을
것을 이루려고 하기 때문에 우리는 서로에게 상처를 주고
함께 살아가기 힘들어지게 되는 것입니다.

기쁨은 나누어야 배가 된다는 명언 4가지

🖋 나누는 기쁨은 기쁨 중의 기쁨입니다. 기쁨을 나눠주는 사람은 물론, 나뉜 기쁨을 받는 사람 모두가 행복해집니다. 지금까지 혼자 간직했던 기쁨을 주위 사람들과 나눠 보세요. 좀 더 큰 기쁨과 행복이 다가올 거예요.

- 슬픔은 자연히 해결된다. 그러나 기쁨의 가치를 충분히 누리려면 기쁨을 함께 나눌 누군가가 필요하다.　　　　　　　　　　　　　－마크 트웨인

- 마음의 상처는 혼자서 견디어도 기쁨은 함께 나누어야 한다.

　　　　　　　　　　　　　　　　　　　　　　　　　－엘버트 하버드

- 오래 살든 비극적으로 짧은 삶을 마감하든 우리는 살아 있는 동안 기쁨을 찾고 나누어야 할 의무가 있다. 우리를 둘러싼 아름다운 환경에서 순간의 즐거움을 맛보며 사랑하는 사람들과 함께 보내는 모든 시간에서 말이다.　　　　　　　　　　－케이티 쿠릭, 「포기하느니 거짓말을 하라」中

- 누구에게나 한 번뿐인 짧은 삶을 위하여 슬픈 일들은 서로 감싸주고, 즐거운 일들은 서로 나누어야 하리니.　　－〈아낌없는 마음으로 오늘을 살자〉中

목표는 분명하게 세울 것을 권고하는 명언 4가지

할 수 있는 능력이 있는데도 불구하고 당신이 원하는 발전을 이루고 있지 못하다면 그것은 당신의 목적이 분명하지 않기 때문입니다. 목적한 바를 이루기 위해서는 정확한 방향설정이 필요함을 기억하세요.

- 대부분의 사람이 목표를 이루지 못하는 이유는 목표를 제대로 정의하지 못하기 때문이며 그것이 정말로 성취 가능하다고 여기지 않기 때문이다. 성공하는 사람은 자신이 가고 있는 방향과 자신이 행하려는 계획과 누가 자신의 길에 동참할 것인지 확실하게 알고 있다.

  −데니스 웨이틀리

- 목표를 이루기 위해서는 실제로 목표에 다다르기에 앞서 그것을 이뤄내는 당신의 모습을 스스로 그려보아야 한다.   −지그 지글러

- 정확한 목표 없이 성공의 여행을 떠나는 자는 실패한다. 목표 없이 일을 진행하는 사람은 기회가 와도 그 기회를 모르고 준비가 안 되어 있어 실행할 수 없다.   −노먼 빈센트 필

- 할 수 있는 능력이 있는데도 불구하고 당신이 원하는 발전을 이루고 있지 못하다면 그것은 당신의 목적이 분명하지 않기 때문이다.

  −폴 J. 메이어

행동을 바꾸면 인생이 달라지는 명언 6가지

✎ 꿈을 꿀 수 있다면 행동할 수 있고, 행동할 수 있다면 원하는 대로 될 수 있습니다. 꿈을 꾸는 것에 그치지 말고 작은 행동이라도 실천할 수 있다면 앞으로의 당신의 인생은 무궁무진한 방향으로 달라질 수 있지 않을까요?

• 행동이 반드시 행복을 안겨주지 않을지는 몰라도 행동 없는 행복이란 없다. ―윌리엄 제임스

• 세상을 움직이려면 먼저 나 자신을 움직여야 한다. ―소크라테스

• 계속 전진하라. 그만두길 거부하는 사람들을 위해 성공이 저 모퉁이에서 기다리고 있으니까. ―작자 미상

• 꿈꾸는 것도 훌륭하지만 꿈을 실행에 옮기는 것은 더 훌륭하다. 신념도 강하지만 신념에 실행을 더하면 더 강하다. 열망도 도움이 되지만 열망에 노력을 더하면 무적이다. ―토머스 로버트 게인즈

• 일은 해 보면 쉬운 것이다. 그럼에도 시작은 하지 않고 어렵게만 생각하기에 할 수 있을 일들을 놓치게 된다. ―맹자

• 경험은 사람들이 실수에 붙이는 이름이다. ―오스카 와일드

재물에 대한 탐욕을 버려야 한다는 명언 5가지

돈은 바닷물과 같습니다. 그것은 마시면 마실수록 목이 마르기 마련이지요. 재물에 대한 탐욕은 결국 좌절을 안겨줄 뿐이라는 사실을 다음 명언들과 함께 기억하세요.

• 욕망은 우리를 자꾸자꾸 끌고 간다. 도달할 수 없는 곳으로 끌고 간다. 우리의 불행은 바로 거기에 있다. —장 자크 루소

• 사람은 벌어놓은 돈의 액수만큼 행복한 것이 아님은 분명히 아는 사실인데, 어째서 사람들은 욕망에 한계선을 긋지 못하고 스스로 불안한 궤도를 달리는지 모르겠다. —빌리 그레이엄

• 돈은 인분과 같다. 주위에 잘 뿌리면 세상에 유익을 주지만 차곡차곡 쌓이면 하늘까지 악취를 풍긴다. —바하우어

• 재물은 자신이 소유할 때보다 남이 소유하고 있을 때 즐거움을 준다. 지나치게 물질적인 혜택을 누리면, 보이지 않는 적을 만든다. —발타사르 그라시안

• 가난한 자 열 명은 돗자리 하나에서 평화롭게 잠들지만, 아무리 넓은 제국도 두 군주에게는 너무나 좁다. —W. R. 앨저

인생의 행복은 마음먹기에 따라 달라진다는 명언 3가지

🖋 행복은 우리네 마음속에 숨어 있습니다. 우리가 먼저 마음의 문을 열고 긍정적인 생각을 가진다면 행복 스스로가 우리에게 선물로 안겨올 거예요.

- 사람은 누구에게나 마음의 정원이 있다. 그 정원에 지금 무엇이 심겨 있는지는 중요하지 않다. 그런데 사람들은 끊임없이 계획을 세운다. … 무엇을 심을까 고민하는 한, 그 사람은 결코 행복해질 수 없다. 마음만 있다면 풀 한 포기만으로도 아름다워질 수 있는 게 우리의 인생이다.

  —이철환, 「연탄길」 中

- 이슬비가 내리고 있다. 당신은 밖에 나가서 우산을 편다. 그것으로 충분하다. "구질구질하게 또 비가 오는군!" 이런 말을 한들 무슨 소용이 있는가. 비도, 구름도, 바람도 결코 마음대로 되지 않는데 어째서 "비한번 시원스럽게 내리는군."하고 말하지 못하는가.

  —알랭, 「날마다 행복해지는 225가지 이야기」 中

- 나는 대부분의 사람이 행복하기로 마음먹은 그 순간, 정말로 행복해지기 시작한다는 사실을 깨달았다.

  —에이브러햄 링컨

가득 차 있는 것을 경계하는 태도를 길러주는 명언 3가지

✒ 인생의 가장 큰 저주란 목마름이 아니라 만족할 줄 모르는 메마름입니다. 다음 명언들을 읽으면서 항상 과도한 욕심을 경계하는 마음을 갖고, 비움의 미덕을 찾길 바라요.

- 꽃은 반만 피웠을 때 보고, 술은 약간 취하도록 마셔야 그 속에 큰 즐거움이 있다. 활짝 핀 꽃을 보고, 술에 흠뻑 취하게 되면 오히려 추한 지경에 이르니, 무엇이든 가득 차 있는 사람은 신중하게 생각해 볼 일이다.

  −채근담

- 계영배는 술을 70퍼센트 이상 따르면 전체 술이 모두 사라져 버리게 되는 술잔을 말한다. 아무리 채워도 영원히 채울 수 없는 마음의 욕심을 다루는 것이 인생의 최대 난제임을 직감한 임상옥은 늘 계영배를 경계 삼아 진정한 상도를 실천하고자 노력하였다. −최인호, 「상도」 中

- 달은 가득 차면 이지러지고 그릇은 가득 차면 엎어진다. 끝까지 올라간 용은 후회하리니 만족할 줄 알면 욕되지 않으리라. 권세에 기대서는 안 되며 욕심을 지나치게 부려서도 안 된다. 새벽부터 밤늦도록 두려워하기를 깊은 연못에 임한 듯이, 살얼음을 밟는 듯이 하라.

  −김상용, 〈선원유고(仙源遺稿)〉 中

장점을 찾아 칭찬해야 한다는 명언 3가지

✒ 남의 좋은 점을 발견할 줄 알아야 합니다. 그리고 남을 칭찬할 줄도 알아야 합니다. 그것은 남을 자기와 동등한 인격으로 생각한다는 의미이기 때문이지요. 타인을 나와 동등한 인격으로 생각할 때 긍정적인 관계가 맺어질 수 있음을 명심하세요.

• 아름다운 일에 대해서는 칭찬을 아끼지 않는다면 우리 자신은 그 아름다운 일에 참여하는 것이 된다. 그러나 아름다움에 일부러 눈을 가리고 구석의 조그만 흠만 보는 것은 우리의 마음을 어두운 곳으로 몰아넣는 것이 된다.　　　　　　　　　　　　　　　　　 ─라 로슈푸코

• 우리는 누구나 잘못을 저지르기 쉽다. 아홉 가지의 잘못을 찾아 꾸짖는 것보다는 단 한 가지의 잘한 일을 발견하여 칭찬해 주는 것이 그 사람을 올바르게 인도하는 데 큰 힘이 될 수 있다.　　　　　　 ─데일 카네기

• 남이 잘한 것이 있으면 적극적으로 찾아내 칭찬해 주고, 남이 잘못하거든 덮어 주라. 남이 나를 해치려 해도 맞서지 않고, 남이 나를 비방해도 묵묵히 참으라. 그러면 해치던 자가 스스로 부끄러워하고, 비방하던 자는 스스로 그만둘 것이다.　　　　　 ─김충선, 〈모하당집(慕夏堂集)〉 中

칭찬에 인색하지 말 것을
당부하는 명언 4가지

칭찬을 아끼지 마세요. 칭찬에 인색하지 말아야 합니다. 칭찬처럼 좋은 약은 없기 때문입니다. 칭찬은 밑천이 드는 일이 아녜요. 하루에 한 번은 남을 칭찬합시다. 인간은 누구나 몇 가지의 장점이 있으니까요.

- 성실하게 시인하고 칭찬을 아끼지 마라.   –데일 카네기

- 칭찬은 인간의 영혼을 따뜻하게 하는 햇볕과 같아서 칭찬 없이는 자랄 수도, 꽃을 피울 수도 없다. 그런데도 우리 대부분은 다른 사람에게 비난이란 찬바람을 퍼붓고 함께 살아가는 사람들에게 칭찬이라는 따뜻한 햇볕을 주는 데 인색하다.   –제스 레어

- 그대의 개성을 솔직하게 말해 주는 자를 칭찬하는 데 너무 지나치게 인색하지 마라. 그가 그대의 칭찬을 받기에 합당하다면 그대의 판단을 서둘러서 해 준 것이요, 그렇지 않다면 그대의 겸손이나 명예로 보상된 것이며, 준 자에게 반사될 것이다.   –프란시스 콸스

- 칭찬과 격려를 아끼지 않는 관리자가 있는 직장은 열정과 활기가 넘쳐 흐르죠.   –브레이시

마음만 먹으면 인생이 달라지는 명언 5가지

우리는 그저 살려고 태어난 게 아닙니다. 의미 있는 인생을 만들기 위해서 태어난 존재입니다. 마음만 먹으면 우리의 인생은 우리 스스로가 그 방향을 정할 수 있습니다. 지금 당신은 어떤 마음으로 인생의 방향을 결정지었나요?

- 승리하고자 하는 정신과 의지, 뛰어나고자 하는 의지를 견지하라. 그러한 자질이야말로 무언가 일이 일어나는 것보다 훨씬 더 중요하다.

  ―빈스 롬바르디

- 우리를 선하게 만드는 것도 마음이고 악하게 만드는 것도 마음이다. 행복하거나 슬프게 만드는 것도 그것이고 부자나 가난뱅이로 만드는 것도 그것이다.

  ―에드먼드 스펜서

- 할 수 있다고 생각하기 시작할 때 사람들은 실로 놀랄 만한 면모를 드러낸다. 자신을 믿을 때라야 성공의 첫 번째 비결을 갖게 되는 것이다.

  ―노먼 빈센트 필

- 나는 그저 평범하게 살라고 신이 우리를 이 세상에 보낸 것이 아님을 믿는다.

  ―루 홀츠

- 모든 것은 마음먹기 나름이다.

  ―원효대사

꿈과 목표는 크게 갖는 것이 좋다는 명언 5가지

꿈은 크게 가져야 합니다. 그래야 깨져도 그 조각이 크기 때문이지요. 지금 당신의 꿈은 얼마나 큰가요? 아직 꿈의 크기가 작다면 다음 명언들을 읽고 나서 크게 키워 보세요.

• 작은 꿈은 꾸지도 말라. 그것은 인간의 영혼을 움직이지 못한다.

−빅토르 위고

• 꿈을 꾸는 젊은이에게 가장 먼저 불을 지피는 성공의 첫 번째 요소는 '위대한 꿈을 꾸는 것'이라고 들었다. 비전이란 보이지 않는 것을 보는 기술이다.

−조너선 스위프트

• 좀 더 높은 이상이 없었다면, 인류는 쉬지 않고 일만 하는 개미떼와 무슨 차이가 있었을 것인가.

−헤겔

• 목표는 커야 한다. 작은 목표는 작은 성취감만 느끼게 할 뿐이다. 목표가 커야 성취감도 크고 자신의 능력을 극대화할 수 있다.

−지그 지글러

• 훌륭한 업적을 남긴 사람들은 모두 훌륭한 목표가 있었다. 그들은 때로는 불가능해 보이는 높은 목표에 시선을 고정하였다.

−오리슨 스웨트 마덴

남을 위한 삶을 살 때도 행복해질 수 있다는 명언 3가지

이 세상에 누가 가장 행복한 사람일까요? 그는 바로 남의 장점을 존중해 주고 남의 기쁨을 자기의 것인 양 기뻐하는 사람이라고 합니다. 왜냐하면, 남을 기쁘게 하고 그것에서 기쁨을 찾는 자는 순수하게 행복한 감정에 젖을 수 있기 때문이지요.

• 행복은 그럴만한 자격이 있는 사람에게만 찾아온다. 먼저 타인을 돕는 도덕적으로 뛰어난 인간, 함께 살 준비가 된 선한 인간이 되어야 한다. 인간의 행복은 선에서 나온다는 아리스토텔레스의 주장처럼 우리는 남을 도울 때 행복해진다. ―호아킴 데 포사다, 「난쟁이 피터」中

• 다른 사람을 기쁘게 만들어 보세요. 자신이 할 수 있는 일이 무엇일지, 어떻게 하면 다른 사람이 기뻐할지 고민하고 그것을 행동에 옮기는 겁니다. 그렇게 하면 슬픈 생각이나 불면증이 없어지고 모든 것이 해결될 것입니다. ―알프레드 아들러

• 남을 돕는다고 하면 보통 자신을 희생해야 한다고 생각하지만, 그렇지 않다. 남을 도울 때 가장 덕을 보는 것은 자기 자신이고, 최고의 행복을 얻는 것도 자기 자신이다. 그러므로 행복한 삶으로 가는 최선의 길은 남을 돕는 것이다. 이것이 진정한 지혜다. ―달라이 라마

영감을 얻기 위해 노력해야 한다는 명언 4가지

영감이란 매일 일하는 것입니다. 일상에 충실하며, 주어진 일을 열심히 수행하다 보면 분명 그 끝에는 노력의 산물인 영감이 선물처럼 주어질 것입니다. 지금부터라도 영감이라는 과실을 따기 위해 우리 함께 열심히 노력해 보지 않겠습니까?

- 새로운 출발을 위해 나는 내게 일어나는 일을 무엇이든 받아들일 것이다. 물론 누구에게든 늘 무언가가 일어나게 마련이다. 우리는 결코 생각하는 것을 중단할 수 없다.

  　　　　　　　　　　　　　　　　　　　　　　　—윌리엄 스태퍼드

- 나는 매일 아침 9시에 내 방에 가서 12시까지 종이를 앞에 놓고 앉아 있다. 세 시간 동안 아무것도 떠올리지 못한 채 그저 앉아 있을 때도 잦다. 하지만 나는 한 가지는 알고 있다. 만약 9시에서 12시 사이에 어떤 소재가 떠오르면 그것을 적을 준비가 되어 있다는 것을 말이다.

  　　　　　　　　　　　　　　　　　　　　　　　—플래너리 오코너

- 영감이 나에게 오지 않을 때 내가 그것을 만나러 반을 간다.

  　　　　　　　　　　　　　　　　　　　　　　　—지그문트 프로이트

- 즉흥곡은 결코 즉흥적으로 만들어진 작품이 아니다. 영감은 노력하지 않고도 나오는 것이 아니라 힘겨운 노력 끝에 생성되기 때문이다.

  　　　　　　　　　　　　　　　　　　　　　　　—안토니 가우디

가슴 한쪽에 희망을 품게 해 주는 명언 9가지

태양은 또다시 떠오릅니다. 태양은 저녁이 되면 석양이 물든 지평선으로 지지만, 아침이 되면 다시 떠오릅니다. 태양은 결코 이 세상을 어둠이 지배하도록 놔두지 않습니다. 태양은 밝음을 주고 생명을 주고 따스함을 줍니다. 그러므로 우리는 태양이 있는 한 절망하지 않아도 됩니다. 희망이 곧 태양이니까요.

• 내 비장의 무기는 아직 손안에 있다. 그것은 희망이다. —나폴레옹

• 희망은 강한 용기이며 새로운 의지이다. 성공하는 데는 강한 용기이며 새로운 의지이다. 성공하는 데는 강한 용기와 새로운 의지가 필요하다. 그것들은 희망을 품을 때 갖추어진다. 강한 용기와 새로운 의지를 간직하고 싶거든 희망을 소유하라. —M. 루터

• 희망은 잠자고 있지 않은 인간의 꿈이다. 인간의 꿈이 있는 한 이 세상은 도전해 볼 만하다. 어떠한 일이 있더라도 꿈을 잃지 말자. 꿈을 꾸자. 꿈은 희망을 버리지 않는 사람에게 선물로 주어진다.

—아리스토텔레스

• 희망은 제2의 혼이다. 아무리 불행하다 하더라도 혼이 있으면 쉽게 가라앉지 않는다. 아무리 힘들다 하더라도 혼이 있으면 쉽게 좌절하지 않는다.

—요한 괴테

- 희망은 영원한 기쁨이다. 인간이 소유하고 있는 토지와 같은 것이다. 노력하는 만큼 해마다 수익이 증가하며, 결코 한꺼번에 다 써버릴 수 없는 확실한 재산이다. 영원히 바닥나지 않는 기쁨이라는 열매를 매일 매일 따먹을 수 있는 농장을 소유하고 있으니 얼마나 든든한가. 우리는 그 농장을 잘 가꾸기만 하면 된다. 누구나 소유할 수 있는 자기만의 농장! 우리는 부자다.　　　　　　　　　　　　　　　　　　－스티븐슨

- 보잘것없는 재산보다 훌륭한 희망을 품는 것이 훨씬 소망스럽다. 재산을 너무 욕심내지 말자. 재산보다는 희망을 욕심내자. 어떠한 일이 있어도 희망을 포기하지 말자.　　　　　　　　　　　　　　－세르반테스

- 위대한 희망이 가라앉는 것은 해가 지는 것과 같다. 그것은 인생의 빛이 사라진 것이나 다름없다. 매일 희망이라는 태양이 떠오르게 하자.　　　　　　　　　　　　　　　　　　　　　　　　－롱펠로

- 내가 보아 온 인생 최고의 성공자들은 모두가 늘 명랑하고 희망에 가득 차 있는 사람이다. 일은 웃는 얼굴로 해나가고, 생활에 일어나는 여러 가지 변화나 기회가 즐겁거나 슬프거나 남자답게 당당히 맞이해 들이는 사람들이다.　　　　　　　　　　　　　　　　－찰스 킹즐리

- 희망이 없으면 노력도 없다. 희망이 없는데, 노력할 사람이 어디 있겠는가. 노력하는 데는 다 그만한 이유가 있는 것이다. 목표 없이 일하는 사람은 없다. 골인지점 없이 달리는 마라토너는 없다. 희망을 먼저 가지자. 그리하면 자연히 노력하는 사람이 될 테니까.　－사무엘 존슨

운명은 개척하는 것임을 독려하는 명언 3가지

🖋 각자는 운명을 무겁게 느끼기도 하고 가볍게 여기기도 할 따름입니다. 사실 운명이 무거운 것이 아니라 자기 자신이 약한 것이지요. 자신이 약하면 운명은 그만큼 강해집니다. 그러니 우리는 의연하게 현실의 운명에 대항해 가야 할 것입니다. 거기에 일체의 진리가 숨어 있음을 기억하세요.

• 운명이란 약탈을 즐기고, 잠자리를 습격하는가 하면, 치밀한 계획마저도 단숨에 뒤집어 버린다. 절대로 방심해서는 안 된다. 정신과 사고, 인내심, 심지어 태도에 이르기까지 틈을 보여서는 안 된다.

―발타사르 그라시안

• 자기 앞에 어떠한 운명이 가로놓여 있는가를 생각하지 말고 앞으로 나아가라. 그리고 대담하게 자기의 운명에 도전하라. 이것은 옛말이지만 거기에는 인생의 풍파를 헤쳐나가는 묘법이 있다. 운명을 두려워하는 사람은 운명에 먹히고 운명에 도전하는 사람은 운명이 길을 비킨다.

―비스마르크

• 자기 앞길에 어떠한 운명이 기다리고 있는가. 그것을 묻지 말고 나아가라! 그리고 대담하게 자기 운명에 직면하라. 자기 앞길에 무슨 일이 생길 것인가 묻지 마라! 오로지 전진하라. 생각하는 자만이 성공한다.

―이필연

마음먹은 대로 내 삶이 달라질 수 있는 명언 4가지

🖋 태도는 사소한 것이지만, 그것이 만드는 차이는 엄청날 것입니다. 즉 어떤 마음가짐을 갖느냐가 어떤 일을 하느냐보다 더 큰 가치를 만들 수 있다는 사실을 다음 명언과 함께 공감해 보는 것은 어떤가요?

• 마술은 마음속에 있다. 마음이 지옥을 천국으로 만들 수도 있고, 천국을 지옥으로 만들 수도 있다. 자신의 마음을 지옥으로 만들고 싶은 사람은 아마 없을 것이다. 마음을 천국으로 만들고 싶은 이들이여! 자기마음속에 마술을 부려 즐겁고 찬란한 하루를 만들어라. ─토머스 에디슨

• 인생은 될 대로 되는 것이 아니라 생각대로 되는 것이다. 자신이 어떤마음을 먹느냐에 따라 모든 것이 결정된다. 사람은 생각하는 대로 산다. 생각하지 않고 살아가면 살아가는 대로 생각한다.

─조엘 오스틴, 「긍정의 힘」 中

• 우리가 어떤 일을 감히 하지 못하는 것은 그 일이 너무 어렵기 때문이아니라 어렵다는 생각에 사로잡혀 시도하지 않기 때문이다. ─세네카

• 게임은 어디에서나 일어난다. 운동장 뒤뜰, 사무실, 교실, 식당 등등. 그러나 승리가 이루어지는 곳은 단 한 곳뿐이다. 바로 승자의 마음속이디.

─피터 템즈

수치심을 가져야할 필요성에 대해
알려 주는 명언 5가지

흔히 사람들은 수치심을 갖는 것에 대해 부정적인 생각을 하곤 합니다. 그러나 자신의 부족한 점을 더 많이 알고, 부끄러워할 줄 아는 이는 더 존경받을 가치가 있는 사람입니다. 다음 명언들과 함께 부끄러운 마음을 갖는 것에 대해 다시 한 번 생각해 보는 기회를 가져 보도록 하세요.

- 인간만이 부끄러워할 수 있는 동물이다. 또는 그렇게 할 필요가 있는 동물이다.
  —M. 토웰

- 좋지 않은 행동을 숨기는 것은 좋지 못하다. 그러나 그것을 만천하에 알리고 자랑하는 것은 더욱 좋지 못하다. 많은 사람 틈에서 부끄러움을 느끼는 것은 좋은 것이다. 그러나 홀로 있을 때 부끄러움을 느끼는 것이 더욱 좋은 것이다.
  —레프 톨스토이

- 수치심은 모든 사람에게 있는 것이다. 그러나 그것을 극복하는 방법, 그리고 그것을 절대 잊지 않는 방법을 모두 알아야 한다.
  —몽테스큐

- 수치심을 잃는 것은 정신지체의 최초 징후이다.
  —지그문트 프로이트

- 사람들은 자신이 뭔가 더러운 것을 생각할 때는 수치스러워하지 않지만, 자신이 더러운 생각을 하고 있으리라 타인이 믿는다고 상상하면 수치스러워한다.
  —프리드리히 니체

가면을 벗어 던질 용기를 주는 명언 5가지

자신에게 성의가 있다면 상대방에게 허위가 있을 리 없습니다. 자신에게 허위가 있다면 상대방에게 성의가 있을 리 없습니다. 모두 가면을 벗어 던집시다. 앞으로의 참된 관계를 위해서 말예요.

- 그대 무엇을 꾸미고자 하는가? 진실한 얼굴로 모든 이들을 대하려면 우리는 먼저 허위의 탈을 벗어 던지지 않으면 안 된다. 진실은 허위를 벗어 던지면 저절로 나타나게 되어 있다. 따뜻한 봄이 오면 겨울옷을 벗어 던지듯이, 그대의 허위의 탈을 벗어 던져라. 진리를 얘기하는 자리에 장식은 필요 없다.

  −G. 마르셀

- 허위의 가면 속에 자기를 감추려고 하지 마라. −앙드레 지드

- 인간이야말로 이 세상에서 허위로 가득 찬 유일한 존재다. 다른 모든 것들은 참되고 진실하며, 그것이 무엇인지를 감추려 들지 않고, 있는 그대로의 감정을 표현한다. −쇼펜하우어

- 반쪽 진실은 허위보다도 무섭다. −포이히타스레벤

- 결코 남에게 속는 것이 아니다. 자신이 자기를 속이는 것이다.

  −요한 괴테

노력이 타고난 재능을 이긴다는 명언 3가지

타고난 재능을 가진 사람들을 그렇지 못한 사람들이 앞서는 방법은 무한한 연습뿐입니다. 타고난 재능이란 인간이 만들어낸 허구에 불과하다고 생각해 보세요. 당신의 노력은 타고난 재능이라는 허구를 지나 목적한 바의 성공이라는 현실로 당신 앞에 다가와 있을 테니까요.

• 재능은 식탁에서 쓰는 소금보다 흔하다. 재능 있는 사람과 성공한 사람을 구분 짓는 기준은 오로지 엄청난 노력뿐이다. 타고난 재능을 가지고 있다는 것은 출발선에서 조금 앞에 섰다는 의미에 불과하다.

―스티븐 킹

• 19세기 스페인의 가장 위대한 바이올리니스트 사라사테(Sara sate)에 대한 이야기다. 사라사테에게 한 유명한 비평가가 '천재'라고 칭한 적이 있었다. 그것에 대해 사라사테는 이렇게 답했다. "천재? 37년간 하루도 빠짐없이 14시간씩 연습했는데, 그들은 나를 천재라고 부른다."

―존 맥스웰(목사), 「존 맥스웰의 성공이야기」中

• 보통의 능력을 지닌 사람이 탁월한 신체적 장점과 지적 재능을 지닌 사람보다 더 자주 성공한다. 왜냐하면, 그들은 현재 자신에게 주어진 것들만으로도 더 열심히 하기 때문이다.

―케네스 힐데브란트

원치 않는 일을 해야 할 때도 있는 법을 알려 주는 명언 3가지

내가 하기 싫은 건, 남들도 하기 싫습니다. 지금 하기 싫은 건, 나중에도 하기 싫습니다. 그렇다면 지금 내가 하는 것이 낫지 않을까요? 원치 않는 일이라도 해야 하는 경우가 있음을 명심하길 바랍니다.

- 성공하는 이는 실패하는 이가 하기 싫어하는 것을 하는 습관이 있다.

  −토머스 에디슨

- 당신이 되고 싶은 사람이 되기 위해서는 하고 싶지 않은 일을 해야 하고, 듣고 싶지 않은 말을 들어야 하고, 만나고 싶지 않은 사람을 만나야 한다. 원치 않는 일을 하지 않고 진정 원하는 일을 하는 사람은 없다.

  −조정민, 「사람이 선물이다」 中

- 성공한 사람들은 성공하지 않은 사람들이 하지 않으려는 일을 기꺼이 하는 사람들이야. 성공한 세일즈맨들은 전화를 걸고 싶지 않은 날 조차도 고객들에게 전화를 많이 하도록 자신을 훈련한 사람들이지. 그럴 기분이든 아니든 운동선수들도 매일 연습을 게을리하지 않아.

  −제프 켈러, 「월요일의 기적」 中

내 주변을 돌아보게 하는 명언 3가지

✒ 혹시 머나먼 곳만을 바라보며 현재 자신의 상황을 만족하지 못하고 있진 않나요? 멀리 바라보며 갈망하기 이전에 주변에 남아 있는 아름다운 것들을 모두 생각하며 만족하세요. 당신의 주변에도 충분히 귀하고 소중한 것들이 많이 있을 거예요.

• 지금 이 순간, 당신 주변의 사람들을 떠올려 보세요. 그 사람들이 얼마나 소중하고, 나는 그 사람들을 얼마나 아끼고 사랑하는지, 그리고 그 사람들에게 얼마나 많은 마음의 빚을 갖고 있는지 찬찬히 생각해 보세요. 사랑만 해도 모자랄 시간에, 작고 사소한 것 때문에, 혹은 나의 알량한 자존심 때문에, 다투고 화내고 고함치며 서로 미워하기라도 하는 것처럼 으르렁댔던 그 순간들을요.

　　　　　　　　　　－에릭 블루멘탈, 「1퍼센트 더 행복해지는 마음사용법」 中

• 자신의 주변 사람들의 가치를 제대로 모르는 사람은 내가 시간을 투자할 가치가 없는 사람이다.

　　　　　　　　　　　　　　　　　　　　　－J. P. 모건

• 원하는 것을 손에 넣을 수 없다면, 손닿는 곳에 있는 것을 사랑하라.

　　　　　　　　　　　　　　　　　　　　　－프랑스 속담

우선 마음을 열어 보세요

혼자서 고민을 안고 사는 것은 스트레스를 지속시키게 됩니다.
즐거움을 나누는 것처럼 괴로움을 터놓고 얘기하게 되면,
스트레스가 줄어들게 되고,
생활의 방향도 바뀌는 것을 경험할 수 있습니다.
정신적 스트레스를 제거하기 위해서는
우선 마음을 열어야 합니다.

자기 연민에 굴복하지 말아야한다는 명언 4가지

자기 연민은 행복에 구멍을 내는 염산이라고도 합니다. 자기를 사랑하는 마음과는 또 다른 자신을 걱정하는 마음이 자기 연민인데요. 자신을 사랑하는 것은 좋지만, 너무 깊은 연민에 빠져 옳은 결정을 내리는 판단력을 잃지 마세요.

- 자기 연민은 최대의 적이며, 거기에 굴복하면 이 세상에서 현명한 일은 아무것도 할 수 없다.

  −헬렌 켈러

- 자기 연민에 빠지지 마라. 그것은 가장 파괴적인 감정이다. 자아라는 다람쥐 쳇바퀴 속에 갇힌다는 것이 얼마나 끔찍한 일인가.

  −밀리슨트 펜워크

- 자기 연민은 초기에는 깃털 요처럼 아늑하다. 하지만 익숙해지면 불편해지는 것이 자기 연민이다.

  −마야 안젤로

- 나는 들짐승이 자기 연민에 빠진 것을 본 적이 없다. 얼어 죽은 작은 새가 나뭇가지에서 떨어질 때 그 새는 자신의 존재에 대하여 슬퍼해 본 적도 없었으리라….

  −D. H. 로렌스, 〈자기연민〉 中

읽으면 행복이 찾아오는 명언 4가지

가끔 행복은 당신이 열어 놓았는지 깨닫지도 못한 문을 통해 슬그머니 들어오기도 합니다. 문을 크게 열어 놓고 환영하지 않아도 어느새 들어 와 있는 것입니다. 행복은 그렇게 작고 소소하니까요.

- 행복의 문 하나가 닫히면 다른 문들이 열린다. 그러나 우리는 대개 닫힌 문들을 멍하니 바라보다가 우리를 향해 열린 문을 보지 못한다.

  −헬렌 켈러

- 행복이란 넘치는 것과 부족한 것의 중간쯤의 간이역이다. 사람들은 너무 빨리 지나치기 때문에 이 작은 역을 보지 못한 채 지나간다.

  −C. 폴록

- 행복은 나비와 같다. 따라가려 하면 자꾸 당신 손아귀를 벗어난다. 하지만 당신이 가만히 앉아 있으면 아마 당신 위에 살포시 앉을 것이다.

  −나타니엘 호손

- 행복의 비결은 포기해야 할 것을 포기하는 것이다. −앤드류 카네기

125

차근차근히 한 계단씩 밟아 올라가라는 명언 3가지

아무리 물이라도 급하게 마시면 체 할 수 있습니다. 계단 꼭대기에 빨리 오르고 싶더라도 한 번에 두 계단을 오르기보다 차근차근히 한 계단씩 올라 보세요. 서두르면 넘어지고 못 오를 수 있지만 한 계단씩 오르면 늦더라도 도착할 수 있으니까요.

- 성공한 사람들이 도달한 높은 고지는 단번에 오른 것이 아니다. 경쟁자들이 밤에 잠을 자는 동안 한 발짝 한 발짝 기어오른 것이다.

  –헨리 워즈워드 롱펠로

- 자수성가한 사람이 숨김없이 진실을 털어놓는다면 그것은 아마도 "나는 내 게으름, 무지와 싸우며 한 계단 한 계단을 힘겹게 올라 정상에 이르렀다."일 것이다.

  –제임스 톰

- 어떻게 에베레스트 산을 올라갔느냐고요? 뭐 간단합니다. 한 발, 한 발 걸어서 올라갔지요. 진정으로 바라는 사람은 이룰 때까지 합니다. 안된다고 좌절하는 것이 아니라, 방법을 달리합니다. 방법을 달리해도 안 될 때는 그 원인을 분석합니다. 분석해도 안 될 때는 연구합니다. 이쯤 되면 운명이 손을 들어주기 시작합니다.

  –에드먼드 힐러리 경(1953년 인류 최초 에베레스트 산 등반가)

모방하며 성장할 수 있음을 알려 주는 명언 4가지

흔히 모방은 잘못된 일이고, 부끄럽다고 생각합니다. 하지만 모방하지 않는 사람은 창조하지 못합니다. 모방을 통해서 개선할 수 있고, 보완하여 마침내 새로운 것을 창조해 낼 수 있게 됩니다. 창조에 좋은 아이디어가 떠오르지 않는다면 모방을 시도해 보세요.

• 인간은 모방적인 동물이다. 이 특질은 인간의 모든 교육의 근원이다. 인간은 요람에서 무덤까지 남이 하는 것을 보고 그대로 하기를 배운다.

—토머스 제퍼슨

• 영원한 존재가 아닌 인간에게는 완전히 모순된 가면(假面) 속에서의 엄청난 모방이 있을 뿐이다. 창조, 이것이야말로 위대한 모방이다.

—알베르 카뮈

• 대장장이의 자식은 그 어버이가 하는 기능을 본받아 응용하므로 갓옷을 짓게 해도 잘해낸다. 궁장(弓匠)의 자식은 그 어버이가 하는 기능을 본받아 키를 만들게 해도 잘해낸다. 한 가지 기술에 익숙해 통하고 있으면 그 기술을 응용해서 다른 기술에도 통하게 된다.   —예기

• 사람은 모방의 천재다. 무엇을 발명하는 일이 거의 없다.

—아나톨 프랑스

자꾸만 뒤처진다고 느껴질 때 보면 좋은 명언 3가지

✎ 마라톤 대회 골인 지점에 이런 문구가 적혀 있었습니다. "포기하지 않은 당신이 아름답습니다." 1등이 아니어도 좋습니다. 앞 주자보다 늦어도 괜찮습니다. 끝까지 포기하지 않고 완주하는 당신이 진정한 승리자이니까요.

• 앞질러 가는 사람이 자꾸 눈에 뜨일 때는 뒤에 오는 사람을 생각해 보십시오. 신에 대해서 인생에 대해서 감사하고 싶으면 당신이 지금까지 얼마나 많은 사람을 앞질러 왔는가를 생각해 보십시오. 아니 타인은 아무래도 좋습니다. 당신 자신이 과거의 당신을 앞질러 온 것입니다.

―세네카

• 젊은 그대여, 잠깐의 뒤처짐에 열등감으로 가슴 아파하지 마세요. 삶은 친구들과의 경쟁이 아닌, 나 자신과 벌이는 장기 레이스입니다. 무조건 친구들을 앞지르려고만 하지 말고 차라리 그 시간에 나만의 아름다운 색깔과 열정을 찾으세요.

―혜민 스님

• 나는 축구선수가 되기에는 작은 키를 가지고 있으며 다른 선수들에 비해 신체 조건이 뒤처짐을 인정한다. 하지만 그 작은 키는 나에게 최고의 장점이 되었고, 이제는 누구 앞에서도 당당할 수 있다.

―리오넬 메시

확신에 찬 자신감이 주는
명언 3가지

혹시 자신을 너무 과소평가하고 있지 않나요? 당신의 생각보다 당신은 큰 힘을 가지고 있습니다. 자신을 믿고, 확신을 가지고 도전하세요.

- 결심하기에 따라서 무엇이든 이룰 수 있다. 풀지 못할 문제 따위는 없다고 믿자. 지금 겪는 어려움은 그저 당신의 성격이 어떤지, 실력이 어떤지를 시험하는 테스트일 뿐이라고 받아들여라. 도전으로 생각하면 지식과 지혜를 얻을 기회가 될 것이다. —브라이언 트레이시

- 뭔가 성취하기를 원한다면 반드시 해야 할 일이 하나 있다. 자신에게 재능이 없다는 믿음을 단호하게 거부하는 것이다. 재능을 갖고 있다는 확고한 신념이 없다면 아무리 놀라운 재능을 갖고 있어도 소용이 없다. '나는 재능이 없다'고 믿는 것은 우리에게 치명적 영향을 끼친다.

  —이민규, 「1퍼센트만 바꿔도 인생이 달라진다」中

- 당신은 정말로 성공하고 싶은가? 성공할 자격이 있다고 생각하는가? 성공할 수 있다고 믿는가? 이 세 가지 질문 모두에 '예'라고 대답할 수 없다면 성공할 가망성은 0이다. 성공하지 못하는 가장 큰 이유는 자신감 결여와 자기불신이다. —존 맥그레이스

공감적 경청이 필요한 이유에 대한 명언 3가지

남의 말을 경청하는 사람은 어디서나 사랑받을 뿐만 아니라 시간이 흐르면 지식을 얻게 된다고 합니다. 항상 남의 말을 잘 들을 수 있도록 듣는 연습이 필요합니다. 다음 명언들을 읽고 나서 실천해 보세요.

• 우리는 누구나 자신에게 주의를 기울이고 지지, 공감해 주는 사람을 만나면 호감을 느끼게 된다. 사람을 만나면 처음 30초 동안은 온전히 그 사람에게 집중해 보라. 어떤 식으로든 그의 말에 동의하고, 공감을 표현해 보라. 놀라울 정도로 긍정적인 반응을 보게 될 것이다.

—존 맥스웰

• 사람은 누구나 자기 말이 옳다고 얘기해 주는 이들에게는 호감을 느낀다. 사람은 누구나 자기 말에 토를 달거나 동의하지 않는 이들은 싫어한다. 사람은 누구나 자기 말에 대해 좋은 반응이 없을 때는 기분이 나빠진다. 공감적 경청이 필요한 이유가 여기에 있다.   —레스 기블린

• 다른 사람의 말에 귀를 기울이지 않으면 상대도 당신의 말을 귀 기울여 듣지 않는다. 말을 제일 잘하는 사람은 논리적으로 말하는 사람이 아니라 남의 말을 잘 들어주는 사람이다.   —래리 킹(미국 방송인)

습관들이는데 도움을 주는
명언 3가지

✒ 노력을 중단하는 것보다 위험한 것은 없습니다. 그것은 습관을 잃는 것과 같지요. 또한, 습관을 버리기는 쉽지만, 다시 들이기는 어렵습니다. 좋은 습관을 들이기 위해 꾸준히 노력하세요.

• 오늘의 맑은 이 아침, 이 순간에 그대의 행동을 다스려라. 순간의 일이 그대의 행동을 결정하라. 나쁜 습관을 버리고 좋은 습관을 지녀야 한다. 오늘 그릇된 한 가지 습관을 고친다는 것은 새롭고 강한 성격으로 출발한다는 것을 의미한다. 새로운 습관은 새로운 운명을 열어줄 것이다.

-R. M. 릴케

• 모든 습관은 노력으로 굳어진다. 잘 걷는 습관을 기르기 위해서는 자주, 많이 걸어야 한다. 잘 달리기 위해서는 많이 달리는 것이 필요하다. 잘 읽게 되려면 많이 읽어야 한다. 지금까지 습관이었던 것을 중단하면 그 습관은 차츰차츰 쇠퇴해진다. 만약 열흘 이상 잠만 잔 사람이 걷기 시작하면 다리가 매우 약해졌음을 알 것이다. 그러니까 그대가 어떠한 습관을 얻고자 한다면 그것을 많이, 그리고 자주 되풀이하는 것이 필요하다.

-에픽테토스

• 만일 의식적으로 좋은 습관을 형성하려고 노력하지 않으면 자신도 모르는 사이에 좋지 못한 습관을 지니게 된다.

-디어도어 루빈

장애물을 극복해야만 성공이 보이는 명언 5가지

장애물 경기에서는 그 장애물을 뛰어넘어야만 골인할 수 있습니다. 넘지 않고 돌아서 가면 실격이지요. 장애물이 어렵다고 무섭다고 힘들다고 넘기를 거부해서 실격하는 인생을 살건가요?

- 절대 넘어지지 않는 것이 아니라 넘어질 때마다 일어서는 것, 거기에 삶의 가장 큰 영광이 존재한다.
  −넬슨 만델라

- 성공은 삶에서 당신이 도달한 현재의 위치가 아니라 그동안 당신이 극복한 장애물이다.
  −부커 T. 워싱턴

- 가장 중요한 것들이 가장 사소한 것들에 의해 좌우되어서는 안 된다.
  −요한 괴테

- 상황은 바뀌지 않는다. 다만 우리가 변하는 것뿐이다.
  −헨리 데이비드 소로

- 장애란 목표에서 눈을 뗄 때 시야에 들어오는 무시무시한 것들이다.
  −헨리 포드

실천하는 삶으로부터 얻을 수 있는
성공 열쇠 명언 6가지

승리는 개시와 함께 시작된다고 합니다. 움직이지 않고 얻을 수 있는 것은 아무 것도 없겠지요. 직접 움직이고 부딪혀서 얻어야 온전히 자기 것이 됩니다. 직접 움직여 보세요. 많이 움직여 많이 얻도록 하세요.

• 매일 최상의 날을 사는 것이 바로 성공이다.　　　　　　　　－작자 미상

• 세상을 움직이려면 먼저 나 자신을 움직여야 한다.　　　　－소크라테스

• 다음으로 무엇을 할지 아는 것이 '지혜'이며, 그것을 실천하는 것이 '덕목'이다.　　　　　　　　　　　　　　　　　　　　　　　　－작자 미상

• 지식을 갖는 것만으로는 충분치 않다. 적용해야 한다는 얘기다. 소망을 갖는 것만으로도 충분치 않다. 성취해야 한다는 얘기다.　－요한 괴테

• 내일이 곧 지금이다.　　　　　　　　　　　　　　　－엘리너 루스벨트

• 무엇이라도 꿈을 꿀 수 있다면 그것을 실행하는 것 역시 가능하다.

　　　　　　　　　　　　　　　　　　　　　　　　　－월트 디즈니

운명은 피할 수 있는 것이 아님을
보여 주는 명언 4가지

🖋 운명은 항상 당신을 따라 다니는 그림자와도 같습니다. 떼려야 뗄 수 없습니다. 그림자를 없애려고 더 밝은 빛 앞에 서면 그 뒤에 더 진한 그림자를 만들 뿐이지요. 너무 떼어내려고 애쓰지 마세요. 받아 들이는 방법을 배워 보세요.

• 인간은 자기 일생은 자기 자신이 이끌어간다고 생각하고 있다. 그러나 마음 깊숙이 운명이 이끄는 대로 이것에 항거할 수 없는 것을 지니고 있다.

　　　　　　　　　　　　　　　　　　　　　　　　　　　　–요한 괴테

• 인간은 운명에 몸을 맡겨갈 수는 있지만 이에 항거할 수는 없다. 또한, 인간은 운명이라는 실을 짤 수는 있지만 이것을 찢어 끊을 수는 없다.

　　　　　　　　　　　　　　　　　　　　　　　　　　　　–마키아벨리

• 자신의 영혼에 안주하라. 자신이 자신의 주인임을 명심하라. 한 남자로서, 인간으로서, 시민으로서, 그리고 궁극적으로는 죽음을 맞게 될 운명을 타고난 사람으로서 인생을 대하라.

　　　　　　　　　　　　　　　　　　　　　　　　　　　　–아우렐리우스

• 무서운 어둠이 쌓이고 비바람이 몰아치고 굶주림과 비웃음 그리고 모든 불행이 내 앞을 가로막을 때는, 나는 다만 초목이나 동물들이 그렇듯이 그 운명 앞에 얌전히 순응하려 한다.

　　　　　　　　　　　　　　　　　　　　　　　　　　　　–월트 휘트먼

꿈을 꾸는 자에겐 성공이 뒤따른다는 명언 5가지

당신은 지금도 꿈을 꾸고 있나요? 혹시 터무니없는 얘기라면서 비웃고 넘기지는 않고 있나요? 다음 명언들을 읽어 보고 혹시라도 접어둔 꿈이 있다면 살짝 펴 보세요. 이미 포기했다면 다시 꾸어 보는 것은 어떨까요?

• 사람들은 성공하기로 결심하는 순간 성공할 수 있게 된다.

−하비 맥케이

• 모든 위대한 사람은 몽상가이다. 우리 중 일부는 그런 대단한 꿈이 사그라지게 놔두지만 어떤 사람들은 그것을 키우고 보호한다. 그들은 그것을 힘겨운 날에도 돌보아, 꿈의 실현을 진심으로 희망하는 자에게 언제나 찾아오기 마련인 햇빛과 불빛을 만나게 한다.   −우드로 윌슨

• 꿈을 추구한 용기만 있다면 우리들의 모든 꿈이 실현될 수 있다.

−월트 디즈니

• 꿈이란 당신이 잠에서 깨어나며 잊어버리는 그 무엇이 아니라 당신을 잠에서 깨우는 그 무엇이다.   −찰리 헤지스

• 꿈을 단단히 붙잡아라. 꿈이 죽는다면 인생은 날개가 부러져 날 수 없는 새와 같다.

−랭스턴 휴즈

지킬 수 없는 약속은 하지 말 것을 당부하는 명언 5가지

사람은 자기가 한 약속을 지킬만한 좋은 기억력을 가져야 합니다. 약속은 하는 것도 지키는 것도 중요하지요. 그런데 약속을 일부러 지키지 않고 잊어버려서 지키지 못하는 일은 없어야겠습니다. 혹시 지금 잊고 있는 중요한 약속이 있지 않나요?

• 아이에게 무언가 약속하면, 반드시 지켜라. 지키지 않으면, 당신은 아이에게 거짓말하는 것을 가르치는 것이 된다. —탈무드

• '우리는 성인이 아니지만 약속을 지켰다'고 얼마나 많은 사람이 그렇게 자랑할 수 있는가? —사뮈엘 베케트

• 아무리 보잘것없는 것이라 하더라도 한번 약속한 일은 상대방이 감탄할 정도로 정확하게 지켜야 한다. 신용과 체면도 중요하지만, 약속을 어기면 그만큼 서로의 믿음이 약해진다. 그러므로 약속은 꼭 지켜야 한다. —데일 카네기

• 누구나 약속하기는 쉽다. 그러나 그 약속을 이행하기란 쉬운 일이 아니다. —랠프 왈도 에머슨

• 약속을 지키는 최고의 방법은 약속을 하지 않는 것이다. —나폴레옹

자신의 힘으로 삶을 살아나가야 한다는 명언 4가지

자신의 힘으로 달성할 수 있는 목표를 세우도록 하세요. 자신의 행복은 자신의 힘으로 성취해야 합니다. 절대 타인에게 의지하면 안 됩니다. 자신의 것은 스스로 만들어야 반드시 자신의 것이 되니까요.

• 모든 사람은 탄복할 잠재력을 가지고 있다. 자신의 힘과 젊음을 믿어라. '모든 것이 내가 하기 나름이다'라고 끊임없이 자신에게 말하는 법을 배우라.

—앙드레 지드

• 어떤 일을 하고 싶은가 자기 스스로 찾아내고, 전력을 다해 몰두하라. 다른 사람보다 한 걸음 앞서고 싶으면, 자기 장래의 계획은 자기가 정해야 한다. 알맞게 몰두할 수 있는 일에서 의욕과 힘을 찾아내어 성공을 향한 길로 나아가라.

—그레이엄 벨

• 누군가가 내 삶을 보다 윤택하고 보다 알차게 혹은 보다 만족스럽게 해주기를 기다리거나 기대하다 보면 나 자신은 줄곧 손발이 묶여 있는 꼴이 되고 만다.

—캐슬린 티어니 앤드러스

• 당장 편하자고 남의 손을 빌리면 성공의 기쁨도 영영 남의 것이 된다.

—앤드류 매튜스

현명한 갈등처리 비결을 제시해 주는 명언 3가지

링컨은 어떤 사람과 피치 못할 갈등이 생기면 "그에 대해 더 많이 알아야겠어."라고 하면서 해결책 모색했다고 합니다. 당신의 갈등처리 방법은 어떤가요? 남을 이해하기보다는 남 탓만 하지 않았나요? 다음 명언들을 읽으면서 좋은 답을 찾아 보세요.

• 성공적인 갈등 처리의 비결은 101퍼센트 원리에 따라 사는 것이다. 만일 당신과 갈등관계에 있는 고집스러운 사람이 있다면 당신과 그 사람이 일치하는 1퍼센트를 찾아내라. 그리고 그 1퍼센트를 위해 당신의 100퍼센트 노력과 능력을 쏟아 부어라. 그 1퍼센트를 실마리로 해서 당신 두 사람을 함께 묶도록 하라.
　　　　　　　　　　　　　　　　　　　　　　　　　　－존 맥스웰

• 장점만 있는 사람도 없고, 단점만 있는 사람도 없다. 대하기 어렵고 거북한 사람일수록 자신에게 중요한 존재가 될 때가 많다. 나와 다르므로 나에게 없는 무언가를 반드시 갖고 있다. 어렵고 불편한 사람은 다른 사람을 갈고 닦게 만드는 숫돌 같은 존재다. 화나게 하는 사람을 반면교사로 삼아라.
　　　　　　　　　　　　　　　　　　　　　　　　　－오모이 도오루

• 갈등 상황이 발생했을 때, 당신 자신뿐 아니라 상대방의 만족을 위해서 노력하라. 그것이 장기적이고 더욱 나은 결과를 얻는 비결이다. 심지어는 자신을 희생해서라도 다른 사람의 성공을 도와라. 그것이 결국 자신을 돕는 길이다.
　　　　　　　　　　　　　　　　　　　　　　　　　－찰스 C. 만즈

절약하는 습관을 길러주는 명언 5가지

절약을 위해서는 가지고 싶은 것은 사지 않아야 하고, 꼭 필요한 것만 사야 합니다. 작은 지출은 삼가야 합니다. 작은 구멍이 거대한 배를 침몰시키는 법이지요. 충분한 고민 뒤에 꼭 필요한 것만 사는 것이 절약하는 제일 빠른 길이 되지 않을까요?

• 검약은 훌륭한 소득이다.　　　　　　　　　　　　　　　　　－에라스무스

• 절약은 큰 수입이다.　　　　　　　　　　　　　　　　　　－마르쿠스 키케로

• 큰일이든 작은 일이든 절약하여야 한다. 그 이유는 낭비가 필수품마
　저도 갖지 못한 많은 사람에 대한 부당한 행위이기 때문이며, 또 필요
　에 따라 남에게 충분히 베풀 수 있기 위해서이다. 그래도 당신이 무슨
　낭비를 하고 싶다면, '능력 이상으로 베푸는 것'이 가장 숭고하고 해가
　없는 낭비이다.　　　　　　　　　　　　　　　　　　　　　－칼 힐티

• 원하는 것을 사지 말고, 필요로 하는 것은 사라. 필요하지 않은 것은
　1원이라도 비싼 것이다.　　　　　　　　　　　　　　－마르쿠스 P. 카토

• 불필요한 것을 사면, 필요한 것을 팔게 된다.　　　　　－벤저민 프랭클린

인생은 선택의 연속임을
알려 주는 명언 14가지

✒ 사람은 항상 선택의 순간에 놓입니다. 가령, 퇴근할 때 지하철을 탈까 버스를 탈까, 물을 마실까 커피를 마실까, 밥을 먹을까 국수를 먹을까. 모든 생활에서 선택이 필요하지요. 아무리 사소한 선택도 하나를 얻으면 그 다른 하나는 잃어야 합니다. 항상 신중하게 선택하세요.

- 인생은 B(Birth)와 D(Death) 사이의 C(Choice)다.　　　－장 폴 사르트르

- 중요한 것은 말하는 것이나 희망하는 것, 바라는 것이나 의도하는 것이 아니라 행동하는 것이다. 당신의 선택이 실질적으로 당신이 어떠한 사람인지를 분명히 말해 준다.　　　－브라이언 트레이시

- 불행한 사람의 특징은 그것이 불행한 것인 줄 알면서도 그쪽으로 가는 점에 있다. 우리 앞에는 불행과 행복의 두 갈림길이 언제나 있다. 우리 자신이 둘 중의 하나를 선택하게 되어 있다.　　　－에이브러햄 링컨

- 결정하지 않으면 남은 것만 먹는다. 때로는 아무것도 남아 있지 않을 수 있다. 우선순위를 정해 산다는 것은 결정을 내린다는 의미도 된다.　　　－코르 돌라 누수 바움

- 사람은 이 세상에 아무렇게나 내던져진 존재이다. 그가 어느 길을 가든 자유이다. 그러나 그 선택에 책임을 져야 한다.　　　－장 폴 사르트르

200가지 고민에 대한 마법의 명언

- 선택한다는 것은 영원히 언제까지나 다른 모든 것을 포기해 버리는 것이었으며, 그 '다른 것들'이 어떠한 하나의 것보다 좋아 보였다.

  −A. 지드

- 결과는 이제 명백하다. 그것은 광명과 암흑 사이이고, 사람들은 그중 하나를 반드시 선택해야만 한다.   −G. K. 체스터턴

- 모든 사람은 이것이든 저것이든 하나를 선택한다. 그리고 그들은 그것에 대하여 책임을 져야만 한다.   −T. S. 엘리엇

- 인생에서 원하는 것을 얻기 위한 첫 번째 단계는 내가 무엇을 원하는지 결정하는 것이다.   −벤 스타인

- 선택은 순간이지만, 그 결과는 평생 영향을 끼칠 것이다. −엠제이 드마코

- 자아는 이미 만들어진 것이 아니라 선택을 통해 계속 만들어가는 것이다.   −존 듀이

- 우연이 아닌 선택이 운명을 결정한다.   −진 니데치

- 약한 사람은 결정을 내리기 전에 의심하고, 강한 사람은 결정을 내린 후에 의심한다.   −카를 크라우스

- 절망이 아닌 선택의 힘으로 얼마든지 성공할 수 있다. −디어도어 루빈

너무 많은 말을 늘어놓지 않는 것이 현명한 태도라는 명언 4가지

✒ 불평만 하고 남의 험담만 하는 사람이 성공한 예는 일찍이 없습니다. 어떤 일에 성공한 사람은 자기의 혀를 조절할 줄 알았던 사람이었습니다. 쓸데없는 말을 입에 올리지 않도록 주의하세요.

• 어떤 대화든 내내 같은 식으로 지껄이는 사람은 아무리 많은 말을 늘어놓는다 해도 상대편의 마음에 아무런 흥미를 주지 못한다. 즉 대화에서도 미술 작품의 경우와 같이 차분하고 조용한 맛이 필요한 것이다.

　　　　　　　　　　　　　　　　　　　　　　　　　　－사무엘 존슨

• 사람은 잠자코 있어서는 안 될 경우에만 말해야 한다. 그리고 자기가 극복해 온 일들만 말해야 한다. 다른 것은 모두 쓸데없는 것에 지나지 않는다.

　　　　　　　　　　　　　　　　　　　　　　　　　　－프리드리히 니체

• 사람이 너무 말하지 않아서 후회하는 경우는 결코 없지만, 너무 말해서 후회하는 경우는 얼마든지 있다.

　　　　　　　　　　　　　　　　　　　　　　　　　　－필립드 코미네

• 말이 많은 사람은 실행이 적다. 현명한 사람은 언제나 자신의 말이 자신의 행위를 앞질러 가는 것을 두려워한다.

　　　　　　　　　　　　　　　　　　　　　　　　　　－중국 격언

지나친 쾌락은 멀리할 필요가 있다는 명언 4가지

행복의 가치를 잰다는 것은 잘못된 자로 행복을 재는 것과 같습니다. 또한, 쾌락이 행복을 가져다준다고 생각하는 것은 일종의 착각이지요. 혹시 당신도 착각에 빠져 있지 않나요? 다음 명언들을 읽고 착각에서 깨어나세요.

- 쾌락을 이겨내고 거기에 지지 않는 것이 가장 옳은 일이지 그것으로부터 멀어질 필요는 없다. —아리스팁포스

- 그 냄새가 아무리 감미롭다고 해도 쾌락은 부패보다 고통에 훨씬 더 가깝다. —칼릴 지브란

- 즐거움이란 그 극단까지 이르러서는 안 되는 것이다. 쾌락을 구하는 욕망은 한이 없다. —예기

- 너무 지나친 쾌락은 멀리하라. 지나친 방종은 우리를 운명에 대해 그 어떤 사고도 할 수 없게 만드는 영속적인 무기력 속으로 빠져들게 하여 우리의 정신을 마비시켜버리는 경향이 있다. 바깥의 바람을 철저히 막아주는 유리의 보호를 받으며, 벽과 마루가 따뜻한 식당에서 끊임없이 계속 만들어져 나오는 기름진 음식에 흠뻑 빠져 있는 인간을 본 적이 있는가? 이러한 인간에게는 극도로 가벼운 미풍조차도 치명적인 것이다. —세네카, 〈신의 섭리〉 中

눈에 보이지 않는 것에도 집중하자는 명언 4가지

눈에 보이는 것만 너무 좇고 있지는 않나요? 내면에 얼마나 집중하고 있나요? 다음 명언들을 읽으면서 화려함을 좇기보다 마음을 다스리고 상대방의 내면을 보는 눈을 키워 보세요.

• 이 세상에서 가장 중요한 일은 직접 눈으로 보는 일, 이를테면 집을 짓고 밭을 경작하고 소를 키우고 과일을 따는 경제적인 일을 하는 것이라고 우리는 얼핏 생각하는 것 같습니다. 그리고 눈에 보이지 않는 일, 곧 정신적인 활동을 우리는 하찮게 여깁니다. 그러나 우리의 영혼을 살찌우게 하는 눈에 보이지 않는 일이 무엇보다 중요한 일입니다.

－레프 톨스토이

• 마음으로 보아야만 분명하게 볼 수 있어. 정말 중요한 것은 눈에 보이지 않는 법이거든.

－앙투안 드 생텍쥐페리

• 눈에 보이거나 보이지 않는 지상의 모든 것은 그 본질이 정신적인 것이다.

－칼릴 지브란

• 돈과 지위라는 성공의 외형적 척도만 알고, 눈에 보이지 않는 내 안의 소중한 가치를 알지 못하는 삶은 행복하지 않다.

－작자 미상

Worry G

때론 체념 해 보세요

잠자리에서 아무리 고민하고, 이것저것 생각해 봐야
방법은 없었습니다.
그러나 '내일은 내일의 태양이 떠오르겠지.'하고
체념의 경지에 도달해 잠든 다음 날 아침,
영감이 불현듯 떠올랐습니다.

벗을 대하는 진리를 일깨워 주는 명언 4가지

인간은 나이가 들면서 새로운 친구들을 사귀지 않으면 곧 외로움을 느끼게 됩니다. 인간은 꾸준히 우정을 수선해 나가야 하는 존재이지요. 혼자서 살 수 없으며 친구와 우정을 확인하고 나눌 수 있을 때 비로소 살아 있음을 실감할 수 있습니다. 다음 명언들을 읽고 고마운 친구들을 떠올려 보세요.

• 어리석은 자는 조금만 따뜻해져도 오래도록 입고 있던 겨울옷을 벗어 던진다. 행복의 먼동이 틀 때야말로 불행했을 때의 좋은 벗을 잊어서는 안 된다.
　　　　　　　　　　　　　　　　　　　　　　　　　　　　　－빌헬름 뮐러

• 옳지 못한 것을 보거든 조용히 타일러서 고치게 하며, 작은 것이라도 급한 일을 당하거든 달려가서 도와주며, 개인적으로 이야기한 것들을 남에게 퍼뜨리지 말며, 항상 공경하는 마음으로 사랑하고 칭찬하며, 가지고 있는 물건 가운데 좋은 것이 있을 때는 적든 많든 서로 나누어 가져야 한다. 이것이 벗을 대하는 다섯 가지 진리이다.　　　－육방예경(六方禮經)

• 우정을 지키는 일은 새로운 친구를 사귀는 것보다 소중하다. 친구가 없는 것만큼 적막한 것은 없다. 우정은 기쁨을 더해 주고 슬픔을 감해 주기 때문이다.
　　　　　　　　　　　　　　　　　　　　　　　　　　　　－발타사르 그라시안

• 친구는 모든 것을 나눈다.　　　　　　　　　　　　　　　　　－플라톤

목표가 막막한 이에게 등불이 되어 주는 명언 5가지

✒ 목표는 고치고, 고치고, 또 고치고, 계속 고쳐야 합니다. 한 번에 완성할 수 없습니다. 수많은 시행착오 끝에 보수하고, 보완하면 어느새 완성되어 있습니다. 혹시 당신의 목표가 불안정하다면 다음 명언들을 읽고 나서 다시 다져 보도록 하세요.

• 목표는 장기적이어야 한다. 단기적인 목표는 일시적인 장애물에 부딪혀도 쉽게 포기하게 된다. 그러나 장기적인 목표는 사소한 문제나 일시적인 장애물에 굴복하지 않고 그것을 극복하여 성취할 수 있다.

−지그 지글러

• 큰 목표일수록 잘게 썰어라. −디어도어 루빈

• 작은 일도 목표를 세워라. 그러면 반드시 성공할 것이다.

−로버트 H. 슐러

• 자신이 하고 싶은 것을 확인하고, 그 생각을 간직하고, 매일 해야 할 일을 하라. 그러면 하루하루 지날 때마다 당신은 목표에 조금씩 가까워질 것이다. −엘버트 허바드

• 매일 매일의 목표가 있어야 한다. 목표를 달성하려면 매일 어느 만큼의 전진이 있어야 한다.

−지그 지글러

모험에 용기를 북돋워 주는 명언 3가지

🖋 모험은 안정보다 더 위대합니다. 그 사실을 모른 채 아직도 현재에 안주하며 그 자리만을 맴돌고 있나요? 삶에는 개척해야 할 영토가 앞으로도 무궁무진하다는 사실을 잊지 않길 바랍니다. 다음 명언들이 당신에게 용기를 줄 테니 마음 깊이 새겨 보세요.

• 모험이 주는 시험을 통과하지 않고서는 당신이 누구인지, 당신과 주변 사람들과의 관계가 얼마나 견고한지 알 수 없다.　　　　－조앤 K 롤링

• 인천 상륙작전이 5,000 대 1의 도박이라는 걸 알지만 나는 그런 모험에 익숙해 있다. 우리는 인천에 상륙할 것이며 적을 분쇄할 것이다.

　　　　　　　　　　　　　　　　　　　　　　　　　　　　－맥아더 장군

• 망설이지 마라. 모험하라! 위험하다고 힘들다고 물러서지 마라. 무엇이든 도전해 보고 거기에서 삶의 참맛을 느껴라. 다른 사람의 의견이나 주장에 끌려다니는 것은 의미 없는 소모일 뿐이다. 자신을 위해 이 세상에서 가장 유익하고 보람 있는 일을 선택하라. 그리고 그 일이 아무리 어렵고 힘들더라도 기꺼이 맞서서 해결해 나가라. 오직 자신을 위해 행동함으로써 삶과 인생의 진실을 만나 보아라.　　－캐서린 맨스필드

W 124

새벽형 인간이 되어 새벽을
활용하는 명언 4가지

✒ '인생은 짧다'라고 엄살을 부리는 사람은 수면 시간이 충분한데도 괜히 몇 시간 씩 침대 속에서 뭉그적거리며 보내는 사람이라고 합니다. 침대와 빨리 이별하는 습관을 들이도록 하세요.

• 사람의 운명은 새벽에 무엇을 하느냐에 따라 결정된다.

—정주영(현대그룹 창시자)

• 새벽에 2시간 집중적으로 일하면 낮에 8시간 일하는 것과 같은 효과 를 가져온다. 새벽 시간을 활용하는 사람은 인생을 2배로 늘려서 사는 사람이다. —김형주, 「아침 2시간 인생의 승부를 걸어라」 中

• 새벽은 당신 인생의 시작이요, 석양은 당신 인생의 끝인 것처럼 살아 라. 그러면 당신은 당신에게 새 힘과 새 지식은 남들에 대한 당신의 선 행에 근거한 것임을 알게 될 것이다. —존 러스킨

• 새벽에 일찍 일어나는 사람은 자기 관리에 성공한다. 그것은 삶의 모 든 영역에 좋은 영향을 미친다. 좋은 새벽은 좋은 하루를 만들고, 나아 가 좋은 인생을 만든다. —유성은, 「새벽을 깨우는 자가 세계를 지배한다」 中

149

남의 눈치 보며 살지 않고 당당해지는 명언 4가지

남을 위해 산다는 것은 쉬운 일이어서 누구나 잘하고 있습니다. 하지만 당신도 이 기회에 자기 자신을 위해 살아 보는 것은 어떨까요? 아무도 엿보지 않는데 자신을 증명하려 애쓸 필요는 없으니까요.

• 남에게서 훌륭하다는 칭찬을 받기 위해서 살지 마라. 자기가 자신을 훌륭하다고 생각할 수 있게 살아라. 남이 그대의 흉을 보는 것을 두려 워하는 것은 허영에 지나지 않는다.　　　　　　　　－류시 마로리

• 남들이 당신을 어떻게 생각할까 너무 걱정하지 마라. 남들은 그렇게 당신에 대해 많이 생각하지 않는다. 당신이 동의하지 않는 한, 이 세상 누구도 당신이 열등하다고 느끼게 할 수 없다.　　　　　－엘리너 루스벨트

• 성공의 공식을 알려줄 수는 없지만, 실패의 공식은 알려줄 수 있다. 그것은 모든 사람의 비위를 맞추려 하는 것이다.　　　　　－허버트 스워프

• 타인의 눈이나 세상의 눈, 또는 가까운 이들의 평판이나 친척들의 시 선에 신경 쓰지 말고 하고 싶은 일이 있으면 진심으로 아무런 망설임 없이 즐기기를 바란다.　　　　　　　　　　　－가나모리 우라코

'나'의 존재를 소중히 여기는 명언 5가지

우리는 어떠한 지배자 밑에 있는 것이 아닙니다. 우리는 본인만의 자기 정신의 지배 아래에 있습니다. 지금부터는 작은 것일지라도 '나'의 힘으로, '나'의 존재의 의미를 믿고 도전하세요!

- 나는 공작새들이 자기 이외의 다른 공작새의 꼬리를 부러워하지 않는다고 본다. 그것은 모든 공작새가 자신의 꼬리가 세상에서 가장 훌륭하다고 믿고 있기 때문이다. 그와 같이 제멋에 겨운 결과 공작새는 언제까지나 평화로운 새로 있을 수 있다. —버트랜드 러셀

- 살면서 만나는 사람 중에 당신 곁에 가장 오래 있을 사람, 절대 떠나지 않을 사람, 잃지 않을 사람은 당신 자신이다. —조 쿠더트

- 가장 중요하고 현명한 판단은, 나를 다른 방향으로 행동하도록 설득하는 압력들이 아무리 만연한 조건 속에서도, 나 자신이 원하는 삶을 살겠다고 굳게 결심하는 것이다. —마이클 르뵈프

- 자아만이 사랑해야 할 대상이다. —장 자크 루소

- 인간은 누구든지 자시 자신을 가장 사랑한다. —레싱

독서 후 사색의 중요성을 강조하는 명언 5가지

생각하지 않고 읽는 것은 씹지 않고 식사하는 것과 같다고 합니다. 책을 읽은 후에는 사색이라는 소화 과정을 통해 자신의 영양소로 바꾸는 시간을 가져야 합니다. 충분한 소화 시간을 가져 책 속의 정보와 지식을 자신의 것으로 만들도록 하세요.

- 독서는 다만 지식의 재료를 줄 뿐이다. 자기 것으로 만드는 것은 사색의 힘이다. ─로크

- 독서만 하고 사고가 없는 사람은 그저 먹기만 하려는 대식가와 같다. 아무리 영양 많고 맛 좋은 음식이라도 위액을 통해 소화하지 않고서는 아무런 이로움이 없다. ─실베스터

- 반박하거나 오류를 찾아내려고 책을 읽지 말고 이야기와 담화를 찾아내려고도 읽지 말며 단지 숙고하고 고려하기 위하여 읽으라. ─프랜시스 베이컨

- 독서에 소비한 만큼의 시간을 생각하는 데 소비하라. ─A. 베네트

- 자기의 전력(全力)을 다 사용하지 않으면 훌륭한 독서행위라고 할 수 없다. 만일 독서 후에 피로하지 않으면 그 독자는 상식이 없는 것이다. ─A. 베네트

명예를 얻으려는 지나친 욕심은
화를 부른다는 명언 4가지

승려 나옹은 "명예를 탐내고 이익을 욕심내어 허덕이던 자, 그 마음 채우지 못하고 헛되이 백발일세."라고 하였습니다. 명예를 좇기만 하면 밑 빠진 독에 물 붓는 것과 마찬가지로 오랜 세월 좇아도 마음을 채울 수 없습니다. 당신도 욕심 때문에 고통스럽지 않나요? 다음 명언들이 마음을 편안히 해 줄 거예요.

• 명성은 평소 그것에 대해 무관심한 사람에게 슬며시 찾아오는 법이다.

-올리버 웬델 홈즈

• 우리는 양심의 만족보다는 영예를 얻기에 바쁘다. 그러나 영예를 손에 넣는 가장 가까운 길은 영예를 위한 노력보다는 양심을 지키기 위해 노력하는 양심에 만족한다면 그것이 가장 큰 영예이다. -몽테뉴

• 부귀와 명예는 그것을 어떻게 얻었느냐가 중요하다. 도덕에 근거를 두고 얻은 부귀와 명예라면 산골에 피는 꽃과 같다. 즉 충분한 햇볕과 바람을 받고 성장한다. -나폴레옹 1세

• 조급히 굴지 마라. 행운이나 명성도 일순간에 생기고 일순간에 사라진다. 그대 앞에 놓인 장애물을 달게 받아라. 싸워 이겨 나가는 데서 기쁨을 느껴라. -앙드레 모로아

끝마무리 또한 시작만큼 중요함을 강조하는 명언 7가지

✒ 셰익스피어는 끝이 좋으면 모두가 좋다고 했습니다. 어떤 일이 잘 마무리되었다는 것은 과정도 좋았다는 의미이기도 합니다. 끝마무리까지 잘할 수 있는 끈기와 인내의 끈을 놓지 마세요.

• 시작하는 재주는 위대하지만, 마무리 짓는 재주는 더욱 위대하다.

—H. W. 롱펠로

• 아름다운 시작보다 아름다운 끝을 선택하라.　　—발타사르 그라시안

• 끝을 맺기를 처음과 같이하면 실패가 없다.　　　　　—노자

• 행하고 끝을 맺지 못하는 것은 수치이다.　　　　　—관자

• 중요한 건 당신이 어떻게 시작했는가가 아니라 어떻게 끝내는가이다.

—앤드류 매튜스

• 앙금이 가라앉기 전에 유종의 미를 잘 거두어라.　—발타사르 그라시안

• 어떤 일이라도 처음에는 어떻게든 해 나가나 그것을 끝까지 해내는 자는 적다.　　　　　　　　　　　　　　　　—시경(詩經)

우연처럼 보여도 우연이 아닐 수 있다는 명언 5가지

"이 세상에는 결코 우연이란 존재하지 않는다. 우리가 우연이라고 생각하는 것도 알고 보면 보이지 않는 진리의 움직임에 따라 이루어지는 필연적인 것이다." 라는 말이 있습니다. 아직도 당신 주변의 일들이 우연처럼 느껴지나요?

- 우연처럼 보여도 우연이 아니다. 그것은 당신이 손수 엮은 패턴들이 움직인 결과이다.

  —클로드 브리스톨

- 운명에는 우연이 없다. 인간은 어떤 운명을 만나기 전에 벌써 제 스스로 그것을 만들고 있다.

  —우드로 윌슨

- 우연한 일치를 자신의 중심에 따라 의미 있게 해석하는 우를 범해서는 안 된다.

  —이드리스 샤흐

- 나는 모든 가치 있는 것을 우연히 해내지 않았다. 나는 나의 어떤 발명도 우연히 해내지 않았다. 그것들은 모두 다 일에 의해서 생긴 것이다.

  —홀랜드

- 우연적이라고 간주하는 것은 필연성이 감추어져 있는 형식이다.

  —프리드리히 엥겔스

준비하는 자세를 갖추도록 만드는 명언 4가지

🖋 마음의 준비만이라도 되어 있으면 모든 준비는 완료된 것이라고 하였습니다. 또한, 시작이 반, 유비무환이라는 말도 있지요. 항상 준비하는 마음가짐을 잃지 마세요. 당신의 성공에 대한 고민 중 반은 이미 이룬 것과 마찬가지니까요.

• 준비에 실패하는 것은 실패를 준비하는 것이다.   ─벤저민 프랭클린

• 나는 어떤 경우에도 준비되어 있었다. 열 시에 보초를 서야 하는 경우라면 아홉 시에는 이미 준비를 하고 있었다. 어떤 일에서든 다른 사람을 기다리게 하지 않았다.   ─윌리엄 코베트

• 나무를 베는 데 한 시간이 주어진다면 도끼를 가는 데 45분을 쓰겠다.   ─에이브러햄 링컨

• 오랫동안 땅에 엎드려 있던 새가 한 번 날기 시작하면 높이 난다. 이와 마찬가지로 사람도 힘을 기르는 기간이 길면 길수록 한 번 일어선 후에는 힘차게 활동하게 된다. 먼저 핀 꽃은 먼저 진다. 남보다 먼저 공을 세우려고 조급하게 서둘지 마라. 사업의 생명이 오래 유지되려면 준비 기간도 그만큼 길어야 한다.   ─채근담

칭찬도 가치가 있게 해야한다는
명언 4가지

칭찬은 기분 좋은 말입니다. 하지만 입속의 달콤한 사탕처럼 까닭 없이 칭찬하는 사람을 경계해야 합니다. 사람의 마음을 녹이는 말로 눈을 가리고 귀를 닫게 하기 때문입니다. 남을 칭찬할 때에는 타당하고 가치 있는 칭찬의 말을 전해 주세요.

- 무가치한 칭찬은 가면을 쓴 풍자이다.   —헨리 브로드허스트

- 칭찬은 금이나 다이아몬드같이 희귀성에 그 가치가 있다. 흔하고 저속한 칭찬은 그의 가치를 하락시키며 더는 칭찬을 기대하지 않게 할 뿐 아니라 칭찬을 받아도 고맙게 생각하지 않는다.   —사무엘 존슨

- 합당하다고 생각되지 않는 칭찬은 받아도 기쁘지 않다. 오히려 그런 특질을 강요하는 것으로 생각되어 기분을 상하게 하는 수가 있다.
  —데이비드 흄

- 처음 칭찬은 충분히 기분을 좋게 하며, 그것을 하나의 혜택으로 받아들이게 하지만 그것의 횟수가 많아지면 하나의 빚으로 여기게 될 뿐 아니라 우리의 장점을 강요하는 것 이상의 아무것도 아닌 것이 된다.
  —올리버 골드 스미스

지금 결심한다면 미래를 바꿀 수 있는 명언 5가지

어떤 일에 대한 자기 믿음과 확신이 없다면 끝까지 밀고 나갈 힘을 얻기 힘듭니다. 갈피를 잡지 못하고 계속해서 우왕좌왕합니다. 꼭 결심하고 행동하세요. 그래야 가야 할 올바른 길이 보일 테니까요.

· 목표가 있는 사람은 성공한다. 어디로 가고 있는지 알기 때문이다.

—얼 나이팅게일(강연가)

· 꿈꾸는 자는 미래를 들여다보며 희망을 본다. 꿈꾸지 않는 자는 단지 미래만 볼 뿐이다.

—D. 엘더

· 운명은 이제 기회의 문제이며 선택의 문제다. 그것은 기다려야 하는 것이 아니라 달성해야 한다.

—제레미 킷슨

· 새로운 희망이 시작되고 있다는 희망을 믿어라. 당신의 꿈이 실현될 것임을 믿어라. 더 밝은 내일에 대한 약속을 믿어라. 당신 자신을 믿는 것으로 시작하라.

—작자 미상

· 당신의 운명은 결심의 순간에 모습을 갖춘다.

—앤서니 로빈스

긍정적 사고방식을 권하는 명언 3가지

긍정적인 사람들은 '나는 할 수 있어! 잘해낼 거야!'라고 생각합니다. 그런 자신감은 에너지를 샘솟게 하고 안 될 일도 되게 하지요. 항상 긍정합시다! 그런데 마음대로 되지 않는다고요? 다음 명언들이 도움을 줄 거예요.

- 긍정적인 마음가짐은 영혼을 살찌우는 보약이다. 이러한 마음가짐은 우리에게 부, 성공, 즐거움과 건강을 가져다준다. 반대로 부정적인 마음가짐은 영혼의 질병이며 쓰레기다. 이는 부, 성공, 즐거움과 건강을 밀어내고 심지어 인생의 모든 것을 앗아간다.   —나폴레온 힐

- 세상에서는 주로 낙관주의자들이 승리하는데, 그것은 그들이 항상 옳기 때문이 아니라 긍정적이기 때문이다. 그들은 잘못되었을 때조차도 긍정적이다. 이러한 태도는 성취, 향상 그리고 성공의 길로 연결된다. 교육을 받고 시야가 열려 있는 낙관주의는 그 대가를 얻는 것이다.

  —데이비드 렌즈(하버드대 교수)

- 행복한 사람들은 태도에서 차이를 보인다는 사실이 드러났다. 늘 행복한 사람은 천성과 노력을 통해 긍정적인 사고 전략을 개발했을 가능성이 크다. 쾌활한 사람들은 긍정적인 것을 찾으며(주의), 중립적인 사건을 긍정적으로 생각하고 어려움 속에서 성장의 기회를 발견하고(해석), 가치 있는 기억을 더 많이 한다(기억).   —에드 디너

열정을 가져야 하는 이유를
강조하는 명언 11가지

당신의 마음속에 식지 않는 열과 성의를 가져 보세요. 그렇다면 당신은 드디어 일생의 빛을 얻을 것입니다. 다음 명언들과 함께 당신이 가져야 하는 열정을 찾아 보세요.

• 사람은 그 마음속에 정열이 불타고 있을 때가 가장 행복하다. 정열이 식으면 그 사람은 급속도로 퇴보하고 무력하게 되어 버린다.

−라 로슈푸코

• 참된 정열이란, 높은 이상을 가지고 자신을 조절할 줄 아는 역동적인 힘을 말한다. 정열이 위험한 것은 오직 초라한 목적에 그 힘을 쏟아 붓기 때문이다.

−익냐스 렙

• 성공은 능력보다 열정에 의해서 좌우된다. 승리자는 자기 일에 몸과 영혼을 다 바친 사람이다.

−찰스 북스톤

• 정열이 없는 곳에는 가치 있는 인생도 사업도 없다. 진리를 구하고 찾는 데에는 냉철한 이지(理智)의 힘이 필요하지만 이를 밀고 나가는 것은 정열이다. 어디까지나 진리에 충실하려는 정열, 이것이 없고서는 이지의 힘도 명철해지지 못한다. 정열은 인생의 힘이다.

−칼 힐티

- 사람은 누구나 원하는 바 어떠한 사업이나 목적에 대한 열정과 희망이 있다. 그 열정과 희망이 깨어졌을 때 사람은 불행에 빠진다. 당신의 희망과 열정을 파괴하는 망치가 바로 그릇된 세계관이나 인생관 속에 있다. 그릇된 도덕관, 그릇된 습관에서 그 원인을 깨달을 필요가 있다.

  −버트랜드 러셀

- 열정은 재능이다. 그게 쌓이면 능력이 된다.　　−장수연(카피라이터)

- 성공의 크기는 열망의 깊이에 좌우된다.　　−피터 데이비스

- 마음을 위대한 일로 이끄는 것, 오직 열정, 위대한 열정뿐이다.

  −드니 디드로

- 정열은 강물과 바다를 닮았다. 얕으면 중얼거리고 깊으면 잠잠하다.

  −월터 로리

- 자신이 암울하다는 것을 알 수 있는 한 가지 징후는 일에 흥미를 잃어버렸을 때 입니다. 그래서 전 모든 일에 열정을 다 하는 게 중요하다고 생각합니다.　　−니콜라스 케이지

- 평균적인 사람은 자신의 일에 자신이 가진 에너지와 능력 25%를 투여한다. 세상은 능력의 50%를 일에 쏟아 붙는 사람들에게 경의를 표하며, 100%를 투여하는 극히 드문 사람들에게 머리를 조아린다.

  −앤드류 카네기

믿음이 있다면 성공에 다다를 명언 4가지

믿음이 없다면 사람은 아무것도 해낼 수가 없습니다. 하지만 믿음만 있다면 모든 것은 가능하지요. 자신에 대한 믿음과 타인에 대한 믿음을 잃지 마세요. 성공으로 가는 지름길이 되어 줄 테니까요.

• 믿음은 강력한 영향력을 행사한다. 우리의 뇌는 우리가 믿고 기대하는 방향으로 작동한다. 뇌가 작동하기 시작하면 신체는 그 믿음이 사실인 것처럼 반응한다. 실제로 목이 마르거나 귀가 막히고, 병이 나거나 건강해지는 경험을 하는 것이다. −허버트 벤슨

• 할 수 있다는 믿음을 가지면 그런 능력이 없을지라도 결국에는 할 수 있는 능력을 갖게 된다. −마하트마 간디

• 생각을 먼저 지배하는 것은 우리지만, 그다음에는 생각이 우리를 지배한다. 우리는 자신이 보는 것을 믿는 것이 아니라 믿는 것을 보는 것이다. 어떤 일을 하든 믿음만큼 성공한다. 생각이 우리의 태도와 행동을 결정하고 그것들은 다시 성공과 실패를 결정한다. −브라이언 트레이시

• 일은 언제나 당신이 진정으로 믿고 있는 대로 진행된다. 그 일에 대한 믿음이 그렇게 만든다. −프랭크 라이트

기다리지 말고 먼저 다가가길 권하는 명언 4가지

🖋 당신은 먼저 다가가는 성격인가요? 상대방이 다가오길 기다리는 성격인가요? 당신의 마음을 상대방이 알아주지 않는다고 불평할 것이 아니라 먼저 다가가 보는 것은 어떨까요? 다음의 명언이 용기를 줄 거예요.

• 상대방에 주는 자기의 인상을 조심하고 걱정하는 것은 당신을 주인공으로 내세운 까닭이다. 대개 사람의 호감이란 먼저 남이 표시해 준 것에 대한 반응으로서 나타나는 것을 알아야 한다. 자기가 기다릴 것이 아니라, 당신이 먼저 주라.

—로렌스

• 네가 있는 곳에서 다른 사람들이 오기를 기다릴 수만은 없어. 때로는 네가 그들에게 가야 해.

—애니메이션, 〈곰돌이 푸〉 中

• 내가 찍는 사진들은 재미나 매력이 없는 것들이다. 사진 속에서 대상이 소리치거나 말을 걸어오지 않는다. 그러나 내가 먼저 그들에게 다가간다. 나는 그들을 따스한 눈길로 어루만질 뿐 해석하지 않는다. 나의 미래는 이들 앞에서 설렐 뿐이다.

—배홍배, 「간이역에서 보내는 편지」 中

• 관계에서는 먼저 다가가는 자가 가장 현명한 법이다.

—드라고스 로우라, 「인생을 업그레이드 하는 100가지 방법」 中

시간 낭비하지 말 것을 당부하는 명언 3가지

✎ 우리는 일 년 후면 다 잊어버릴 슬픔을 간직하느라고 무엇과도 바꿀 수 없는 소중한 시간을 버리고 있다고 합니다. 소심하게 굴기에 인생은 너무나 짧습니다. 용기를 갖고 적극적으로 도전하세요.

• 그대는 인생을 사랑하는가? 그렇다면 시간을 낭비하지 마라. 왜냐하면, 시간은 인생을 구성한 재료니까. 똑같이 출발하였는데, 세월이 지난 뒤에 보면 어떤 사람은 뛰어나고 어떤 사람은 낙오자가 되어 있다. 이 두 사람의 거리는 좀처럼 접근할 수 없는 것이 되어 버렸다. 이것은 하루하루 주어진 시간을 잘 이용했느냐 이용하지 않고 허송세월하였느냐에 달려 있다.

　　　　　　　　　　　　　　　　　　　　　　　　　－벤저민 프랭클린

• 시간은 잠시도 쉬지 않는다. 그래서 늦었다고 해서 주춤하고 시간을 흘려보내지 마라. 그럴수록 시간은 자꾸 흘러만 간다.　　－앙리 드 레니에

• 우리에게 주어진 시간은 유한합니다. 꿈꿀 시간도 모자란데 되돌릴 수 없는 지난 일을 후회하는 것만큼 시간이 아까운 일은 세상에 없습니다.

　　　　　　　　　　　　　　　－시크릿 실천 연구회, 「시크릿 하루 한마디」中

책임과 의무의 중요성을 강조하는 명언 3가지

✒ 사람의 의무에는 한계가 없습니다. 우리에게 주어진 가장 중요하고 우선되는 의무는 우리의 삶과 다른 사람의 삶을 위하여 살아가는 것이라고 하였습니다. 당신은 자신의 의무를 다하고 있나요?

• 책임과 권위는 동전의 양면과 같다. 권위가 없는 책임이란 있을 수 없으며, 책임이 따르지 않는 권위도 있을 수 없다. －막스 베버

• 진정한 충족감은 자기실현을 향한 노력으로 얻어지는 것이 아니라, 객관적인 외부세계와 의미 있는 연관을 가짐으로써 얻어지는 것이다. 그리고 이 외적 세계와 연관은 개인의 책임성에 근거하고 있다. 가장 창조적인 퍼서낼리티(personality)의 현저한 특징은 단련된 책임감에 있는 것이다. 책임감은 모든 시대의 정신적 지도자들의 위대함을 이루는 특징이었다. －로버트 레슬리

• 의무를 다하는 것과 그것을 함으로써 얻는 기쁨은 서로 별개이다. 비록 우리 자신의 의무를 기쁨과 한데 섞으려 한다 하더라도 의무는 의무 나름의 법칙이 있으므로 각기 분리될 것이다. －임마누엘 칸트

자기절제 능력을 키워주는 명언 4가지

✒ 자기 자신을 자제하는 사람은 그가 즐거움을 찾아낼 수 있는 만큼 쉽게 슬픔을 이겨낼 수 있다고 합니다. 당신은 자신을 얼마나 통제하고, 조절하고 있나요? 아직 이 질문에 대답하기 어렵다면 다음 명언들을 읽어 보세요. 조금이나마 도움을 줄 거예요.

• 자기 자신을 다스릴 수 없는 사람은 자유로울 수 없다.　　－피타고라스

• 지도력의 첫 번째 열쇠는 자기 절제이다. 자만심을 삼키지 못하면 남을 지도할 수 없다. 자만심을 누르는 것은 들판의 사자를 이기는 것보다 어려우며, 분노를 이기는 것은 가장 힘센 씨름꾼을 이기는 것보다 어렵다.　　－칭기즈칸

• 자신을 명령할 힘, 즉 자제력이 없는 사람은 도대체 어떤 힘으로 남을 지배할 수 있단 말인가.　　－라블레이

• 자제심이란 인간의 기질과는 상반되는 것일지도 모르지만 자기 억제가 안 되는 사람은 결국 자신의 묘 구덩이를 스스로 파게 될 것이다.

　　－마야 마네스

Worry H

시간의 마술로
자연히 해결되기도 합니다

불필요한 집착에서 벗어나 보세요.
우리가 지금 집착하고 고민하는 문제는 10년, 20년 뒤에나
일어날 수 있는 문제일 수도 있고,
어쩌면 일어나지 않을 수도 있습니다.
시간의 마술로 자연히 해결되기도 합니다.
백 년도 못사는 사람이 천 년 동안의 걱정거리를
안고 살 필요는 없습니다.

협력하는태도를 길러주는
명언 3가지

✒ 인간들은 서로 협동함으로써 자기들이 필요로 하는 것을 훨씬 쉽게 마련할 수 있습니다. 또한, 단결된 힘으로 사방에서 그들을 포위하고 있는 위험을 훨씬 더 쉽게 모면할 수 있다는 것을 깨닫는다고 합니다. 그 누구도 혼자서는 지혜로울 수 없지요. 더불어 사는 삶을 사는 것이 좋지 않을까요?

• 누군가는 성공하고 누군가는 실수할 수도 있다. 하지만 이런 차이에 너무 집착하지 마라. 타인과 함께, 타인을 통해서 협력할 때에야 비로소 위대한 것이 탄생한다.　　　　　　　　　　　　　-앙투안 드 생텍쥐페리

• 인간은 서로서로 도와주어야만 합니다. 친구나 형제로부터 도움을 받은 사람은 물질로서뿐만 아니라 사랑과 존경심과 감사하는 마음으로 되돌려 주어야만 합니다.　　　　　　　　　　　　　　-레프 톨스토이

• 경영의 즐거움 중 빼놓을 수 없는 것이 약한 자들이 합해 강자를 이기고, 평범한 사람들이 합해 비범한 결과를 내는 것입니다. 그것을 가능케 하는 것이 바로 팀워크입니다. 팀워크는 공통된 비전을 향해 함께 일하는 능력이며, 평범한 사람들이 비범한 결과를 이루도록 만드는 에너지원입니다.　　　　　　　　　　　　　　-앤드류 카네기

소유의 집착에서 벗어날 수 있도록
도와주는 명언 3가지

인간을 자유롭고 고상하게 살지 못하게 하는 것은 다른 무엇보다도 소유에 대한 몰두가 원인입니다. 당신도 집착하거나 소유하려고 애쓰는 것이 있나요? 다음 명언 들과 함께 소유욕과 집착에 대한 경계심을 되짚어 보세요.

- 내가 소유하고 있지 않은 것을 소유하고 있다고 생각하는 망상에 빠 지지 말고, 내가 소유하고 있는 것 중에서 가장 은혜로운 것을 생각하 라. 또한, 나에게 그것들이 없었다면 나는 얼마나 그것을 갈망했을 것 인가를 생각해 보고 감사하게 여겨라. 그리고 어떤 이유로 그것을 불 시에 잃어버리는 불행을 당하더라도 마음의 평정을 잃지 않도록 주의 하라.
  —아우렐리우스

- 사물에 대한 완벽한 소유란 없는 것이다. 소유하려 들지 마라. 다만 그대 자신이 그것에 소유되지 않도록 경계하라.
  —유동범

- 세상에서 가장 값비싼 것이 천국으로 가는 여비인데 그 절대적인 액 수가 바로 무소유이다. 아무것도 가지지 말 것! 어떤 것도 걸치지 말고 그 어떤 뇌물도 소지하지 말고 그저 떠나왔을 때처럼 맨몸 하나로 떠 나갈 것!
  —유동범

W 143

우리는 환경에 영향을 받는 존재라고 말하는 명언 4가지

미국 운동가가 다음 질문을 했습니다. "인간은 환경의 산물이다. 당신의 목표를 향해 당신을 발전시켜 줄 환경을 선택하라. 환경에 맞춰 삶을 분석하라. 당신의 환경은 당신을 성공으로 이끄는가, 뒷걸음질하게 하는가?" 당신의 답은 무엇인가요?

· 내 몸을 둔 곳이 그렇기 때문에 이런 결과를 얻는 것이다. 사람이란 자기 몸을 의지하는 곳을 삼가야 한다.　　　　　　　　　　　　　－순자

· 사람들은 스스로 자기의 역사를 창조하지만 그것을 자기의 뜻대로 창조하는 것은 아니다. 그들은 자기의 역사를 자기 자신의 선택한 환경 속에서 창조하는 것이 아니라 자기 앞에 놓여 있는, 기성된, 과거에서 물려받은 환경 속에서 창조한다.　　　　　　　　　　－마르크스

· 시끄럽고 번잡한 때를 당하면 평소에 기억하던 것도 멍하니 잊어버리고, 깨끗하고 편안한 곳에 있으면 옛날에 잊었던 것도 또한 뚜렷이 떠오르나니, 이것으로서 조용한 곳과 시끄러운 곳에 따라 어둡거나 밝은 것이 판이함을 알지니라.　　　　　　　　　　　　　－채근담

· 아이들의 양심은 그 아이들을 둘러싼 환경에 영향을 받는다.

　　　　　　　　　　　　　　　　　　　　　　－장 폴 리히터

200가지 고민에 대한 마법의 명언　　　　　　　　　　　170

아이디어를 메모하는 습관의 필요성을
강조하는 명언 5가지

🖋 아주 비현실적이라고 생각되는 아이디어라도 일단 머리에 떠오르거든 잊어버리기 전에 즉시 적어 놓아야 합니다. 항상 수첩과 펜을 지니고 다니세요. 언제 아이디어가 떠오를지 모르니까요.

- 느닷없이 떠오르는 생각이 가장 귀중한 것이며, 보관해야 할 가치가 있는 것이다. 메모하는 습관을 갖자.
  ―프랜시스 베이컨

- 아이디어란 자칫하면 사라져 버리는 그런 무상한 것이므로, 그것을 어디에든지 어떤 형태로든지 정착해 두도록 해야 한다. 더 좋은 아이디어를 생각해 내기 위해 메모는 없어서는 안 될 수단이다.
  ―다케우치 히토시

- 스스로 한 귀중한 성찰은 되도록 빨리 적어 두어야 한다. ―쇼펜하우어

- 메모하지 않고도 외울 수 있는 아이디어는 대단한 아이디어가 아니다.
  ―나카타니 아키히로

- 휘갈겨 쓴 글은 환청과 마찬가지로, 위대한 아이디어의 산실이 될 수 있다. 위대한 아이디어는 깨끗한 메모가 아닌 휘갈겨 쓴 지저분한 메모로부터 생기는 것이다.
  ―나카타니 아키히로

거만한 태도를 멀리해야 한다는
명언 4가지

자기의 높은 직함을 여러 사람에게 광고하려고 하는 사람은 이미 자기의 인격에 스스로 상처를 입히고 있는 것과 마찬가지입니다. 자신을 낮추고 겸손해야 합니다. 자신을 낮추기가 서툴다면 다음 명언들을 읽고 실천해 보세요.

• 공중에 날겠다는 생각이 헛된 것처럼 자신을 드높이려는 생각 역시 헛된 것입니다. 자신을 드높이면 오히려 사람들에게 반감을 생기게 할 것이며, 그들의 눈에 멸시의 표정을 띠게 할 것입니다.   –레프 톨스토이

• 오만한 사람에게는 자기 가치의 절대적인 높이만이 중요하며, 허영심이 많은 사람에게는 자기 가치의 상대적인 높이만이 중요하다.

  –게오르크 짐멜

• 자기 자랑으로 높은 평가를 받는 사람은 없다. 자신은 누구의 후손이며 또 누구와 친하던가, 혼자서 양주 몇 병을 마셨다느니 하는 자랑은 자신의 인격을 드러내 보이는 것이다.   –필립 체스터

• 자화자찬하는 사람은 자신 외에는 아무도 보지 못하는 법이다. 자신만을 보는 사람의 신세보다는 오히려 장님이 더욱 낫다.   –사아디

자기 일을 사랑하고 소중하게 여기는 명언 3가지

현재 자기 일을 사랑하고 즐기고 있나요? 빌 게이츠는 매일 일하러 가는 것은 가장 신나고 즐거운 일이라고 말했습니다. 누구든지 빌 게이츠처럼 자기 일을 즐긴다면 결코 탈진되는 일도, 실패하는 일도 없을 것이라는 사실을 명심하세요.

- 창의적인 사람들은 서로 다르긴 하지만 한 가지 점에서 일치한다. 그것은 자신이 하는 일을 사랑한다는 사실이다. 그들을 움직이는 것은 명예나 돈에 대한 욕심이 아니다. 좋아하는 일을 할 따름이다.

  —미하이 칙센트미하이

- 억만장자들은 자기 일을 사랑한다. 일이 돈을 벌어다 주기 때문이 아니다. 자신이 싫어하는 일을 하면서는 그처럼 부자가 될 수 없다. 부자가 되려면 가장 먼저, 당신이 하는 일을 사랑해야 한다. 사랑이 이윤을 얻는 데 필요한 에너지를 가져오기 때문이다. 어떤 일이든 열정만으로 90퍼센트의 문제를 해결할 수 있다.

  —도널드 트럼프

- 나는 즐기면서 일하는 사람들을 동경한다. 만일 당신이 현재 하는 일로 즐거움을 느낄 수 없다면 나는 다른 일을 찾아보라고 권하고 싶다. 스코틀랜드의 속담 중에는 다음과 같은 것이 있다. "살아 있는 동안 행복하라. 죽어 있는 시간이 길 것이니."

  —데이비드 오길비

발견하라 떠올려라 그러면
성공에 다다른다는 명언 5가지

가만히 앉아 있기만 한다고 해서 성공할 수 있는 것은 아무것도 없습니다. 성공을 바란다면 항상 성공하기 위한 수단과 방법을 생각하고, 찾으려고 노력하세요.

- 돈에서 아이디어가 나오는 게 아니라 아이디어에서 돈이 나오는 것이다. —마크 빅터 한센

- 기회가 없다고 말하는 자는 기회를 찾지 않은 것이다. —작자 미상

- 모든 부와 성공, 물질적 이득, 위대한 발견, 발명, 성취의 원천은 사상과 아이디어다. —마크 빅터 한센

- 마음의 창을 항상 열어두어라, 새로운 아이디어가 들어올 수 있도록. —작자 미상

- 성공의 열쇠: 아이디어를 연구하라. 계획을 세워라. 성공을 기대하라. 그리고 실행에 옮겨라. —존 S. 하인즈

마음먹기에 따라 성공과 행복이 따라온다는 명언 5가지

성공하기 위해 행동하는 추진력도 필요하지만, 무엇보다 먼저 성공해야겠다는 마음가짐이 중요합니다. 당신은 성공을 원하기만 했나요? 성공하고 싶다고 생각했나요?

• 우리의 마음은 우리가 가진 가장 귀중한 소유물이다. 우리 삶의 질은 이 값진 선물을 얼마나 잘 계발하고 훈련하고 활용하느냐에 달려 있다.
　　　　　　　　　　　　　　　　　　　　　　　　　　　　　　–브라이언 트레이시

• 최상의 성공은 행복이다.
　　　　　　　　　　　　　　　　　　　　　　　　　　　　　　–작자 미상

• 당신 자신을 믿어라. 그러면 그 무엇도 당신을 막지 못할 것이다.
　　　　　　　　　　　　　　　　　　　　　　　　　　　　　　–에밀리 게이

• 성공은 마음의 평화이며, 마음의 평화란 도달할 수 있는 최상이 되기 위해 최선을 다했음을 아는 데서 오는 자기만족의 직접적인 결과다.
　　　　　　　　　　　　　　　　　　　　　　　　　　　　　　–존 우든

• 누구든 자신의 마음을 믿는다면, 그 마음이 성취를 도울 것이다.
　　　　　　　　　　　　　　　　　　　　　　　　　　　　　　–나폴레온 힐

성숙한 사랑을 위한 자세를
알려 주는 명언 6가지

사랑에서 무엇보다 중요한 것은 사랑을 받는 것이 아니라 사랑을 하는 것입니다. 당신은 어떤 사랑을 하고 있나요? 아직 서툴고 어리숙한 사랑을 하고 있다면, 좀 더 성숙한 사랑을 배우고 싶다면 다음 명언들을 마음으로 읽어 보세요.

• 사랑이란 서로 마주 보는 것이 아니라 둘이서 똑같은 방향을 내다보는 것이다.　　　　　　　　　　　　　　　　　　　－앙투안 드 생텍쥐페리

• 사랑은 택시와 같은 거죠. 함께 걸어온 길만큼 대가를 지급해야 합니다.　　　　　　　　　　　　　　　　　　　　　　　　　　－김제동

• 행복한 결혼 생활에서 중요한 것은 서로 얼마나 잘 맞는가보다 다른 점을 어떻게 극복해나가는가이다.　　　　　　　　　　　　－레프 톨스토이

• 미숙한 사랑은 '당신이 필요해서 당신을 사랑한다'고 하지만, 성숙한 사랑은 '사랑하니까 당신이 필요하다'고 한다.　　　　　　　－윈스턴 처칠

• 사랑받고 싶다면 사랑하라, 그리고 사랑스럽게 행동하라.

　　　　　　　　　　　　　　　　　　　　　　　　　－벤저민 프랭클린

• 강력한 사랑은 판단하지 않는다. 주기만 할 뿐이다.　　－마더 테레사

자기계발을 해야 하는 이유에 대한 명언 4가지

🖋 자기계발을 지속하지 않으면 퇴보되고 맙니다. 더 나아진 자신과 더 발전된 미래를 위해 자기계발을 게을리하지 말아야겠지요. 아직도 자기계발 이유를 모르고 있다면 다음 명언들이 안내자가 되어주지 않을까요?

• 삶의 목적은 자기계발이다. 자신의 본성을 완벽하게 실현하는 것, 바로 그 목적을 위해 우리 모두가 지금 여기 존재한다. —오스카 와일드

• 바뀐 것은 없다. 단지 내가 달라졌을 뿐이다. 내가 달라짐으로써 모든 것이 달라진 것이다. —마르셀 프루스트

• 자기 내면을 들여다보며 변화하고자 하는 감정을 찾을 때 우리는 스스로 좀 더 노력해야 한다는 사실을 깨달아야 한다. 더 깊이 들여다보라. 징징대며 불평해대는 게으른 목소리와 이기적이고 타성에 젖은 반대의 목소리는 무시해 버려라. —슈물리 보테악, 「유태인 자기대화」 中

• 지속적인 자기계발이 없으면 현재의 당신이 앞으로의 당신이 될 것이고, 당신이 될 수도 있었던 사람과 당신 자신이 비교될 때 고통은 시작된다. —엘리 코헨

삶을 쉽게 놓아버리지 않기를 바라는 명언 7가지

✎ 자살이 왜 나쁘다고 생각하나요? 아마도 친구와 친족들에게 괴로운 상처를 지니고 살도록 하고 떠나는 것이기 때문일 것입니다. 자살할 수 있는 용기로 세상의 고난을 해결해 보세요. 주저앉는 일은 없을 테니까요.

• 삶이 고단하고 힘들다고 죽으려 하지 마라. 어깨에 진 짐이야말로 인간의 목표를 달성시키는 데 도움이 될 것이다. 짐을 벗어버리는 유일한 길은 목표를 달성시킨다고 생각하며 살아가는 것이다.

—랠프 왈도 에머슨

• 사람으로 한 번 태어났으니 목숨을 해치지 말고 목숨이 다할 때까지 살아야 한다.

—장자

• 빈민 수용소에 있을 때나 먹을 것을 구하기 위해 길거리를 방황하고 있을 때도 나는 자신이 세계에서 제일 가는 배우라고 믿고 있었다. 어린아이가 한 생각으로는 어이없게 들리겠지만, 그래도 내가 그렇게 강한 믿음을 갖고 있었던 것이 나를 구했다. 그런 확신이 없었다면 나는 고달픈 인생의 무게에 짓눌려 일찌감치 삶을 포기해 버렸을 것이다.

—찰리 채플린

- "인간은 아직 무엇인가 착한 일을 할 수 있는 한 스스로 인생을 포기해서는 안 된다."라는 글을 읽지 않았더라면 나는 이미 이 세상 사람이 아니었을 것이다.

  —베토벤

- 이 세상에서 가장 비겁한 짓은 자살하는 것이다. 왜냐하면, 자기 자신을 죽이는 행위는 맞서 싸워야 할 악과 두려움을 감당해 낼 용기가 부족하다는 것을 뜻하기 때문이다. 그렇지만 인간에게 죽음보다 더 큰 악이 어디에 있을까? 살아만 있으면 상황은 어떻게든 개선되고 호전될 테지만 죽음은 상황을 전혀 개선하지도 못하고 새로운 악의 시작을 의미할 뿐이다.

  —세르반테스

- 인간은 자기가 갇혀 있는 감옥의 문을 두드릴 권리가 없는 죄수다. 인간은 신이 소환할 때까지 기다려야 하며 스스로 생명을 끊어서는 안 된다.

  —소크라테스

- 자살한 사람에게 하늘 문은 절대 열리지 않습니다. 인간이 세상에 태어났을 때는 천수를 누리며 뭔가를 하라고 하늘이 보내 준 것입니다. 자기의 소임을 포기하고 스스로 목숨을 끊은 사람은 결코 하늘의 성신들이 데리러 오지 않습니다. 자살은 반성할 기회도 없는 가장 큰 죄악입니다. 마음으로라도 자살할 생각은 않는 것이 좋습니다.

  —박영만(수도자)

당신도 책 속의 위인처럼 될 수 있는 명언 3가지

✎ 좋은 책을 읽는 것은 과거의 가장 뛰어난 사람들과 대화를 나누는 것과 같다고 하였습니다. 지금 당신은 누구와 대화하고 있나요? 아직 적절한 대화 상대를 고르지 못했다면 다음 명언들을 읽고 골라 보세요. 더 빨리 친해질 수 있을 거예요.

• 우리는 주로 책을 통해서 위인들과 대화한다. 위인들은 양서를 통해서 우리에게 이야기하고 그들의 대부분의 귀중한 사상들을 우리에게 전해 주며, 그들의 정신을 우리에게 쏟아 부어 준다. 그러므로 우리에게 책을 주신 하나님께 감사하라.

　　　　　　　　　　　　　　　　　　　　　　　－윌리엄 채닝

• 책 속에 과거 전체의 혼이 있다. 과거의 육체와 물질이 꿈처럼 사라진 후에도 고인의 뚜렷하게 들리는 음성이 남는다. 인류가 행하고 생각하고 얻은 전부가 마술로 보존해 두듯 책장 속에 놓여 있다. 책은 인간의 정선(精選)된 소유물이다.

　　　　　　　　　　　　　　　　　　　　　　　－토머스 칼라일

• 모름지기 실용의 학문, 즉 실학(實學)에 마음을 두고 옛사람들이 나라를 다스리고 구했던 글들을 즐겨 읽도록 해야 한다. 마음에 항상 만백성에게 혜택을 주어야겠다는 생각과 만물을 자라게 해야겠다는 뜻을 가지고 있는 뒤라야만 바야흐로 참다운 독서를 한 군자라고 할 수 있다.

　　　　　　　　　　　　　　　　　　　　　　　－정약용

이성과 감성의 조화를 강조하는 명언 4가지

✎ 이 세상 모든 사람은 끊임없이 내적 전투를 벌이고 있습니다. 이 전투는 바로 이성이 옳다고 인식하는 것과 감성이 요구하는 것 사이의 전투라고 합니다. 아마도 쉽게 종결되지 않을 텐데요. 팽팽한 긴장이 유지될 때 엄청난 시너지가 나타날 거예요.

• 이성이 인간을 만들어 낸다고 하면, 감정은 인간을 이끌어 간다.

—장 자크 루소

• 사람이 이성만을 중시하고 살아간다면 인간생활은 인정도 애정도 없는 삭막한 세상이 될 것이며, 또 감성만으로 살아간다면 도덕과 질서가 무너지는 세상이 될 것이니, 이성과 감성의 조화를 통해 삶을 지혜롭게 운영해야 한다.

—퇴계 이황

• 욕망과 감정은 인간성의 용수철이다. 이성은 그것을 통제하고 조절하는 브레이크이다.

—H. J. 모링브룩

• 심장이 뜨거울 땐, 누구나 감성주의자가 되지만, 심장에서 피가 흐르면, 누구나 이성주의자가 된다! 그러나 탁월한 인물이 되려면, 이성과 감성을 조화시키지 않으면 안 된다. 열정에는 이성이라는 고삐를 달고, 지혜에는 감성이라는 힘 센 말을 달아라!

—철학 9단

번뜩 떠오른 생각은 빨리 소모해야 한다는 명언 5가지

아이디어가 떠오르면 곧 행동으로 옮기세요. 생각만하고 가만히 있으면 소용이 없거든요. 먼저 출발해야지만 남을 제압할 수 있는 법이니까요. 나중으로 미루기보다는 서둘러 행동으로 옮기도록 하세요.

- 좋은 아이디어가 떠올랐을 때, 그 실행 시기를 늦추지 마라. 성공은 처음 실행에 옮기는 사람에게 찾아온다. —김용삼

- 당신에게 유익한 아이디어나 정보를 얻거든 그것을 신속하고 광범위하게 이용하라. —디어도어 루빈

- 세상에는 때를 만난 아이디어보다 더 강한 것은 하나도 없다. —빅토르 위고

- 나는 생각하면 바로 실행한다. 그러나 전혀 허무맹랑한 것은 하지 않는다. 어떤 근거를 가지고 가능하다고 생각되는 것을 한다. —산호(만화가)

- 아이디어가 떠오르면 곧 행동하라. 먼저 출발하면 남을 제압한다. —작자 미상

절망에 빠진 사람에게
기운을 주는 명언 3가지

✒ 절망이란 것에는 매우 과장된 구석이 있어서 그 절망이 일종의 부풀어진 장식품이란 것을 알기 위해서는 제법 냉철한 마음이 있어야 한다고 합니다. 절망 속에서는 잠시만 헤매고 얼른 냉철한 마음을 지니도록 해 보세요.

• 절망하지 마시오. 좋은 것들을 성취하고 싶은 마음은 간절하나 비록 성취하지 못한다 하더라도 낙담하지 마시오. 혹시 쓰러지더라도 다시 일어서도록 노력하고 어려움을 극복하도록 노력하시오. 모든 사건의 본질과 사물의 본질을 터득하시오.   —마르쿠스 아우렐리우스

• 절망하지 마라. 비록 그대의 모든 형편이 절망할 수밖에 없다 하더라도 절망하지 마라. 이미 일이 끝장난 듯싶어도 결국은 또다시 새로운 힘이 생기게 된다.   —F. 카프카

• 평지 위를 걷고자 노력하지만, 뒷걸음질만 친다면 그것은 절망적인 일일 것이다. 그러나 절망의 크기만큼, 발바닥이 보일 만큼 가파른 비탈을 기어오르고 있는 것이므로 뒷걸음질은 오로지 지형 때문에 생겼을 수도 있으니 절망할 필요가 없다.   —F. 카프카

내 운명의 주인은 '나'라는 사실을 깨닫게 해 주는 명언 4가지

✒ 사람은 제각기 그 운명을 스스로 만듭니다. 즉 나만이 내 인생을 바꿀 수 있는 것입니다. 운명이란 결코 하늘이나 신이 지배하는 것이 아니며, 각자 자신의 운명은 자신의 손으로 만들어가야 합니다. 아무도 날 대신할 수 없다는 사실을 기억하세요.

• 당신은 당신 운명의 건축가이고, 당신 운명의 주인이며, 당신 인생의 운전자이다. 당신이 할 수 있는 것, 가질 수 있는 것, 될 수 있는 것에 한계란 없다.

―브라이언 트레이시

• 사람들이 뭐라고 하든 오직 나만이 나의 운명을 결정할 수 있다.

―클레어 올리버

• 사람은 대개 자기의 운명을 스스로 만들어가고 있다. 운명이란 외부에서 오는 것 같지만, 알고 보면 자기 자신의 약한 마음, 게으른 마음, 성급한 버릇, 이런 것들이 결국 운명을 만든다. 어진 마음, 부지런한 습관, 남을 도와주는 마음, 이런 것들이야말로 좋은 운명을 여는 열쇠다. 운명은 용기 있는 사람 앞에서는 약하고 비겁한 사람 앞에서는 강하다.

―세네카

• 인간은 각자 모두 자신의 운명을 손에 쥐고 있다. 완전히 자신의 작품이며 자신의 것인 생활을 창조하지 않으면 안 된다. ―헤르만 헤세

그럼에도 불구하고 우리는 환경을 극복할 수 있다는 명언 5가지

이상적인 환경이 아니라서 불평하고 있습니까? 이상적인 환경만이 좋은 결과를 가지고 온다는 말은 거짓말입니다. 아담은 에덴동산에서도 타락했음을 기억하세요. 비록 환경이 어둡고 괴롭더라도 항상 마음의 눈을 넓게 뜨고 있으려고 노력하세요.

• 삶에서 끌어내는 즐거움은 얼마나 환경 탓을 하는지에 반비례한다.

—앤드류 매튜스

• 사람은 환경의 피조물이 아니다. 환경이 사람의 피조물이다.

—벤저민 디즈레일리

• 우리가 사는 환경은 우리가 만들어 가는 것이다. 내가 바뀔 때 인생도 바뀐다!

—앤드류 매튜스

• 당신의 삶의 방법은 환경에 좌우되지 않고 환경에 대한 태도에 따라 결정된다. 즉 여러 가지 사건보다는 그 사건을 확인하려는 태도에 의해서 결정되는 것이다. 환경이나 일이 당신의 인생을 채색할 수는 있겠지만 그 색의 선택권은 오직 당신에게 있다. —존 밀러

• 우물쭈물하다가 환경의 변화에 재빠르게 대응하지 못하면 계획은 계획으로 끝날 수밖에 없다.

—고바야시 마사히로

실패를 두려워하지 않게 용기를 주는 명언 4가지

✒ 당신은 도전하는 것이 두려운가요? 실패하는 것이 두려운가요? 당신이 진정 두려워해야 할 것은 도전한 뒤의 실패보다 아무것도 하지 않는 것입니다. 다음의 명언들이 당신의 도전에 용기를 줄 테니 꼭 읽어보고 마음에 새기세요.

• 나는 실패를 받아들일 수 있다. 모두가 무언가에 실패하기 때문이다. 하지만 난 시도도 하지 않은 것은 받아들일 수 없다. ─마이클 조던

• 두려움이 아닌 희망과 꿈의 조언을 구하라. 좌절에 대해 생각하지 말고 채워지지 않은 잠재력에 대해 생각하라. 시도했다가 실패한 것을 신경 쓰지 말고 여전히 가능한 것에 관심을 가져라. ─교황 요한 23세

• 인생이 끝날까 두려워 말라, 당신의 인생이 시작조차 하지 않을 수 있음을 두려워하라. ─그레이스 한센

• 도망치거나 통제하고 억압하려 들거나 저항하려 들기에 앞서 먼저 두려움의 실체를 이해해야 한다. 즉 두려움을 그대로 바라보고, 연구하고, 맞닥뜨려야 한다. 두려움은 피하는 게 아니라 이해해야 할 대상이다. ─지두 크리슈나무르티바

말을 아끼면 인간관계에 도움이 된다는 명언 5가지

입은 화의 문이요, 혀는 몸을 베는 칼이라고 합니다. 입을 닫고 혀를 깊이 간직하면 몸은 편안해지고 안정됩니다. 칼이 제멋대로 휘둘리지 않도록 화의 문을 잠시 닫아 보는 것은 어떨까요? 좋은 인간관계의 길이 보일 테니까요.

- 인간의 입은 하나가 있고, 귀는 두 개가 있다. 이는 말하는 것보다 듣기를 두 배로 하라는 뜻이다. —탈무드

- 하고 싶은 말은 산같이 쌓였어도 일단 한숨 자고 일어나면 그 말을 하지 않길 잘했다는 생각이 들곤 하는 것. 세 치 혀만큼 무서운 것이 어디 있겠어. —곽정은

- 대화에서의 침묵은 위대한 화술이다. 자기 입을 다물 때를 아는 사람은 바보가 아니다. —윌리엄 헤이즐릿

- 현명한 사람이 되려거든 사리에 맞게 묻고, 조심스럽게 듣고, 침착하게 대답하라. 그리고 더 할 말이 없으면 침묵하라. —라파엘로

- 깊은 사랑은 침묵을 재촉한다. 큰 소리로 자랑스럽게 그것을 지껄이는 사람에게는 숭고한 마음이 깃들어 있지 않다. —오귀스트 랑바인

내 의견만 고집해선 안 된다는 명언 3가지

자신의 의견을 위해서 싸울 줄도 알아야 합니다. 하지만 싸우기 전에 자신의 의견이 모두 진리이거나 오직 하나뿐인 진리라고는 믿어서는 안 되지요. 상대방의 의견도 들을 줄 아는 귀를 가져야 하지요. 다음 명언들을 읽으면서 마음을 다스려 보세요.

- 내게 옳음이 있으면, 남에게도 옳음이 있음을 인정하라. 남의 의견이 나와 다르다고 해서 그를 미워하는 편협한 일을 아니 하면, 세상에는 화평이 있을 것이다. —안창호

- 겸손하게 의견을 말하면 상대는 곧 이해를 하고 반대하는 사람도 줄어든다. 그리고 내 잘못을 정직하게 인정하면 내 옳은 생각에 대해 상대방이 박수를 보내준다. 늘 자기 의견만 정당하다고 고집하지 마라.

  —벤저민 프랭클린

- 의사 결정 과정에서 참여와 인간관계를 무시하면 의사 결정에 참여한 자들은 불만의 감정을 갖게 된다. 그리고 팀원 간 서로 좋지 않은 감정을 갖게 되면 의사 결정 과정에 흔쾌히 협력하지 않을 뿐만 아니라 의사 결정된 사항을 실행할 때도 위험을 감수하는 것에 주저하게 된다.

  —크리스 아지리스

내 생각이 더 중요합니다

우리는 다른 사람들이 나를 어떻게 생각할까 많은 고민을 합니다.
아이러니하게도 나의 기준에 맞추어 인생을 살기보다는
남의 기준으로 인생을 살게 되는 꼴을
스스로 만들어갈 때가 있습니다.
그러나 내 인생을 타인이 대신 살아줄 수는 없기에
나의 생각이 더 중요하고 소중합니다.

말 속에 그 사람의 성격이 드러난다는 명언 5가지

당신은 상대방의 성격을 파악하기 위해 상대방의 무엇에 집중하나요? 얼굴에서도 행동에서도 성격을 파악할 수 있지만 말 속에서도 파악할 수 있습니다. 다음 명언들을 읽어 보면서 다시 한 번 생각해 보세요.

• 무대 위에서만이 아니라 현실 세계에서도 그 사람의 진정한 성격은 무심코 내뱉은 말 한마디 또는 혼잣말 속에 가장 잘 나타나는 것이다.

―알렉산더 스미스

• 그 사람의 인격은 그가 나누는 대화를 통해 알 수 있다.   ―메난드로스

• 말하는 상대편의 말에 귀를 기울이고 또한 그 사람의 눈을 잘 지켜보면 그 사람의 성격을 알 수 있다. 사람들은 아무리 수단을 써도 말할 때만큼은 자신의 성격을 숨길 수 없기 때문이다.   ―맹자

• 사람들은 자기 생각을 말하는 것이 자신의 성격을 드러내게 되는 데도 뜻밖에 그것을 잘 모르는 눈치다.   ―랠프 왈도 에머슨

• 자식은 부모의 언행을 따라 한다. 그러므로 자식의 말투로 부모의 성격을 알 수 있다.   ―탈무드

인내의 중요성을 일깨우는 명언 6가지

위대한 성과는 힘이 아닌 인내의 산물입니다. 그리고 꿈과 성취의 유일한 차이는 끊임없는 노력입니다. 인내가 갖는 중요한 가치를 다음 명언들과 함께 되새겨 보세요.

- 어떤 종류의 성공이든 인내보다 더 필수적인 자질은 없다. 인내는 거의 모든 것, 심지어 천성까지 극복한다. —존 D. 록펠러

- 충분히 오랫동안 고수하기만 하면 원하는 어떤 것이든 할 수 있다. —헬렌 켈러

- 천재성은 하늘이 주신 인내심이다. 천재성은 나 역시 가질 수 없지만, 인내심은 모두가 가질 수 있다. —우드로 윌슨

- 평범한 능력을 갖춘 사람들도 때로는 그만두는 시점을 잘 몰라 걸출한 성공을 달성한다. —조지 E. 앨런

- 끈기의 습성이야말로 승리의 습성이다. —허버트 코프먼

- 인내는 어떠한 괴로움에도 듣는 명약이다. —플라토우스

W 163

우리를 책 속의 지혜로 이끌어 주는 명언 4가지

독서는 일종의 탐험이어서 신대륙을 탐험하고 미개지를 개척하는 것과 같다고 합니다. 당신도 콜럼버스가 되어 보세요. 개척해야 할 신대륙이 무궁무진하니까요.

- 책은 인생이라는 험한 바다를 항해하는 데에 도움이 되도록 남들이 마련해 준 나침반이오, 망원경이오, 지도이다. —아널드 베넷

- 내가 인생을 알게 된 것은 사람과 접촉해서가 아니라 책과 접하였기 때문이다. —아나톨 프랑스

- 한 권의 책을 읽음으로써 자신의 삶에서 새 시대를 본 사람이 너무나 많다. —헨리 데이비드 소로우

- 독서를 통하여 미지의 것을 탐색하고 자아를 발견해 가는 과정은 삶의 가장 큰 줄기라고 해도 과언이 아니다. 삶을 하나의 나무로 비유한다면 책 읽기야말로 절대조건의 밑거름이라는 말에 나는 유감없이 동조한다. 독서는 그 자체가 수단이 되어서는 안 된다. 책 읽기의 목적이 삶을 고양하는 것에 있다면 한 권의 책을 읽는다는 것은 불행한 한 이웃을 생각하는 것과 버금가게 한다. —양귀자

이타심에 입각한 판단을 하는 데 도움을 주는 명언 4가지

✎ 다른 사람이 당신에게 했던 일 중 가장 싫었던 일을 생각해 보고 남에게 되풀이 하지 않도록 주의하세요. 대신 기분 좋았던 일을 기억했다가 다른 사람에게 실천해 보세요. 어떤 일이 일어날까요?

- 이타심으로 판단하면 다른 사람이 좋게 되기를 바라기 때문에 주위 사람들 모두 힘을 보태준다. 또 시야도 넓어져 바른 판단을 할 수 있 다. 더 나은 일을 해 나가기 위해서는 자기만 생각해서 판단할 것이 아 니라, 주위 사람들을 생각하고 배려 넘치는 '이타심'에 입각하여 판단 해야 한다.
  —이나모리 가즈오

- "오 위대한 영이여, 내가 상대방의 모카신을 신고 1마일을 걷기 전에 는 상대방을 판단하지 않도록 지켜주소서!"
  —아메리카 인디언 부족의 기도문

- 만약 성공의 비결이란 것이 있다고 하면 그것은 타인의 관점을 잘 포 착하여 자기 자신의 입장에서 사물을 볼 줄 아는 재능, 바로 그것이다.
  —헨리 포드

- 네게 그렇게 하면 기분이 어떨 것 같니?
  —버락 오바마

쓸데없는 걱정에 감정 쏟지 말 것을 권하는 명언 4가지

🖋 걱정은 출처가 무엇이든 우리를 약화하는 것이요, 용기를 앗아가는 것이요, 인생을 단축하는 것입니다. 그래도 계속 걱정만 하고 있을 건가요? 그래도 걱정이 많다면 다음 명언들을 읽으면서 마음을 다스려 보세요.

• 우리가 하는 걱정거리의 40퍼센트는 절대 일어나지 않을 사건들에 대한 것이고, 30퍼센트는 이미 일어난 사건들, 22퍼센트는 사소한 사건들, 4퍼센트는 우리가 어찌할 수 없는 사건들에 대한 것들이고 나머지 4퍼센트만이 우리가 대처할 수 있는 진짜 사건이다. 즉 96퍼센트의 걱정거리가 쓸데없는 것이다. ―어니 J. 젤린스키, 「느리게 사는 즐거움」 中

• 걱정한다고 문제가 해결되거나 좋아질 거로 생각하지 마. 절대 그렇지 않으니까. 그러니 걱정은 그만해.

―칼 필레머, 「내가 알고 있는 걸 당신도 알게 된다면」 中

• 지난달에는 무슨 걱정을 했지? 그것 봐. 기억조차 못 하고 있잖니. 그러니까 오늘 네가 걱정하는 것도 별로 걱정할 일이 아닌 거야. 잊어버려. 내일을 향해 사는 거야. ―앙투안 드 생텍쥐페리, 「어린왕자」 中

• 걱정을 해서 걱정이 없어지면 걱정이 없겠네. ―티베트 속담

잠들어 있는 우리의 힘을 깨워주는 명언 3가지

오늘 당신이 처해 있는 현실은 이때까지 당신 자신이 의식적이든 무의식적이든 계속되어 온 과거와 잠재의식의 총결산입니다. 잠들어 있는 잠재의식과 더불어, 당신은 언제나 당신이 항상 생각하고 있는 형태의 사람이 됩니다. 아직 깨어나지 않는 우리의 힘을 믿고 용기를 갖고 앞으로 나아가는 것은 어떨까요?

- 우리들의 체내의 깊은 마음속에는 어떤 강력한 힘이 있다. 그것은 우리의 의식하는 마음과는 별개의 것으로, 끊임없이 활동을 계속하여, 사고와 감정과 행동의 근원이 되고 있다. —지그문트 프로이트

- 우선 진지한 욕망을 가지고, 잠재의식의 힘을 완전히 신뢰하고, 성과가 나타나기를 끈기 있게 참고 기다려야 하는 것이다. 그랬다가 잠재의식이 어떤 행동을 명령하고 힌트를 주거든, 의심을 품거나 주저하지 말고, 그 명령에 순종해야 한다. 이것이 신념을 행동화시키는 길이다.

  —디어도어 루빈

- 잠재의식은 분명하지 않은 목표, 분명하지 않은 생각이나 계획에는 어떤 반응도 보이지 않는다. 잠재의식에 명령을 내릴 때 그 명령은 분명하고 명확해야 한다. 이처럼 분명한 목표에, 그 목표가 반드시 성취될 것이란 강렬한 믿음이 더해질 때 당신은 절대 실망하지 않을 것이다. 이때 우주를 움직이는 힘이 당신 편에 있을 것이기 때문이다.

  —나폴레온 힐

나 자신의 삶을 위해 시간 투자할 것을 권고하는 명언 5가지

우리는 다른 사람과 같아지기 위해 무려 삶의 3/4을 빼앗기고 있다고 합니다. 이 아까운 시간을 이렇게 허투루 낭비만 할건가요?

- 여러분에게 주어진 시간은 유한합니다. 남의 인생을 사느라, 그 시간을 낭비하지 마십시오. —스티브 잡스

- 시간은 인생의 동전이다. 시간은 네가 가진 유일한 동전이고 그 동전을 어디에 쓸지는 너만이 결정할 수 있다. 너 대신 타인이 그 동전을 써버리지 않도록 주의하라! —칼 샌드버그

- 친구가 어려울 때 돕기는 쉽지만, 당신의 시간을 친구에게 내주는 게 항상 시의적절할 수는 없다. —찰리 채플린

- 나이를 먹고 세월이 흐르면 시간이 없으므로 자기가 좋아하는 일부터 먼저 하라. —이어령

- 우리가 인생에서 할 수 있는 가장 좋은 투자는 인생을 살아가고 이바지하는 데 사용할 수 있는 유일한 도구인 자기 자신에 대한 투자이다. —스티븐 코비

목표 세우기의 진정한 의미를 전하는 명언 5가지

✒ 당신은 목표를 세울 때 무엇을 가장 중요하게 생각하나요? 어떻게 목표를 세워야 할지 길이 보이지 않는다면 다음 명언들이 좋은 안내자가 되어 줄 것입니다. 마음에 새겨두도록 하세요.

• 목표를 설정하는 주된 이유는 목표가 당신에게서 끌어내는 그 무엇을 위해서다. 목표가 당신에게서 끌어내는 그 무엇은 언제나 당신이 얻는 그 무엇보다 훨씬 더 가치가 크다.　　　　　　　－짐 론

• 당신이 목표를 달성함으로써 얻는 것은 목표를 달성함으로써 어떤 사람이 된다는 것만큼 중요하지 않다.　　　　　　　－지그 지글러

• 중요한 것은 목표를 이루는 것이 아니라, 그 과정에서 무엇을 배우며 얼마나 성장하느냐이다.　　　　　　　－앤드류 매튜스

• 목표는 반드시 달성되기 위해서 세워지는 것이 아니라, 표준점의 구실을 하기 위해서 세워지는 것이다.　　　　　　　－큐벨

• 가치 있는 목표를 향한 움직임을 개시하는 순간 당신의 성공은 시작된다.　　　　　　　－찰스 칼슨

인간관계, 그 밀접한 관계의 어려움을 논한 명언 5가지

인생행로의 어려움은 물에 있는 것도 아니요, 산에 있는 것도 아닙니다. 인간관계의 어려움 때문이라고 합니다. 그만큼 가까이 있으면서 어려운 것이 인간관계인데요. 다음 명언들을 읽고 나서 어려운 이유를 생각해 보세요.

- 인간은 상호관계로 묶어지는 매듭이요, 거미줄이며, 그물이다. 이 인간관계만이 유일한 문제이다. —앙투안 드 생텍쥐페리

- 한 방울 물을 잘못 엎지를 때 우주 전체가 목마를 것이다. 한 송이 꽃을 꺾는다면 그것은 우주의 한 부분을 꺾는 일. 한 송이의 꽃을 피운다면 그것은 수만 개의 별을 반짝이게 함이어라. 아, 이 세상 모든 것은 이처럼 서로서로 밀접한 관계로 이루어졌느니. —라즈니쉬

- 우리는 자신만을 위해 살 수 없다. 천 개의 가닥으로 다른 사람들과 연결되어 있기 때문이다. —허먼 멜빌(소설가 겸 시인)

- 모든 인간관계에 있어 한쪽만이 행복을 붙잡기란 쉬운 일이다. 그러나 양쪽에서 이를 확보하는 일이란 어려운 일이다. —버트랜드 러셀

- 모든 어려움 뒤에는 인간관계에 따른 문제가 있다. —데일 카네기

미래를 위해 노력하는 태도가 필요하다는 명언 3가지

🖋 콩쿠르 대회에서 입상한 음악가도, 금메달을 받은 운동선수도, 심지어 발명가도 자신의 분야에서 수없는 노력 끝에 이루어낸 성과입니다. 당신도 늦지 않았습니다. 이제 미래를 위해 도약할 시간입니다. 높이 뛰어오르기 위해 준비하세요.

• 모든 사람이 학문한다든가 일을 하는 것은 궁극적으로 우리 인류의 내일, 즉 미래를 위해서라고 할 수 있기 때문이다.

―「세계 명언 속 삶과 지혜 2」 中

• 희망이 없으면 절약도 없다. 우리가 절약하고 아끼는 이유는 무엇인가. 미래를 위해서이다. 미래가 없다면 되는대로 살아갈 것이다. 미래의 건설을 위해서 한 푼이라도 절약하자. 절약하는 마음 밭에 희망이 찾아온다. 절약과 희망은 연인 사이이니까.

―윈스턴 처칠

• 지금 가지고 있는 것을 당장 쓰기에 바쁜 사람은 자신의 삶을 낭비하는 불행을 사는 사람이다. 그러나 미래를 위해 저축하는 사람은 자신의 여유를 저축하며 행복을 사는 사람이다.

―「가슴에 담는 작은 명언 사전」 中

우유부단, 결단력 없는 당신이 읽으면 좋을 명언 5가지

✒ 고민이란 어떠한 일을 시작했기 때문에 생긴다기보다는 할까 말까 망설이는 데서 더 많이 생긴다고 합니다. 무엇을 기준으로 결정하면 좋을까요? 다음 명언들을 읽어 보고 어떤 일을 결정하는 결단력을 좀 더 키워 보세요.

- 타려던 배는 주저하지 마라. —투르게네프

- 우유부단이야말로 성공을 가로막는 최대의 적이며, 성공하는 사람들은 신속한 결단력의 소유자다. —나폴레온 힐

- 자신이 선택하고 결정할 일을 스스로 하지 않으면 누군가가 대신 그 선택과 결정을 해 줄 것이다. —로널드 레이건

- 우유부단한 자의 특성은 끝없는 망설임이다. 꿈속에서는 더욱더 그렇지만 그들은 삶에서도 또한 아무런 결단도 내리지 못한다. 꿈속에서 그들은 삶에서도 또한 아무런 결단도 내리지 못한다. 꿈속에서 그들은 망설임, 주저, 그리고 거리낌을 끊임없이 되풀이한다. 그들은 악몽에서는 안성맞춤이다. —E. M. 시오랑

- 두 가지 사업을 두고 무엇을 할 것인가 망설이는 사람은 결국 아무 일도 하지 못한다. —워즈워드

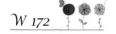

'이해한다'는 의미를 깊게 생각해 볼 수 있는 명언 6가지

✎ 삶의 과정 전체를 파악해야만 정말로 인생을 이해할 수 있는데, 사람들은 대부분은 노력 없이 작은 부분을 통해 전체를 이해할 수 있다는 실수를 범합니다. 그렇다면 진정한 이해는 무엇일까요? 다음 명언들이 그 답을 알려 주는 안내자가 되어 줄 거예요.

• 인생의 본질은 남을 이해한다는 점에 있다.　　　　　　　　　－요한 괴테

• 우리 각자가 타인을 정말로 이해할 수 있는 것은 우리들 자신이 만들어 낼 수 있는 감정뿐이다.　　　　　　　　　　－앙드레 지드

• 삶에는 걱정할 거리가 없다. 단지, 이해할 거리만 많을 뿐이다.

－마리 퀴리

• 때로는 이해하지 않음이 최고의 이해이다.　　　　　－발타사르 그라시안

• 자기 자신의 성질에 얽매여 타인의 자연스럽고 자유로운 성질을 존중하지 않는 한 타인을 이해하기란 어렵다.

－프랑스 학생폭동 때 벽에 쓰인 낙서

• 아주 사소한 것을 이해하는 데에도 뜻밖에 오랜 시간이 걸린다.

－에드워드 달버그

경험에서 얻은 통찰력으로 미래를 예측할 수 있다는 명언 5가지

과거를 바탕으로 통찰력을 기르면 미래를 예측할 수 있다고 합니다. 예지력이 어렵다면 통찰력을 키워 보는 것이 어떨까요? 다음 명언들이 통찰력을 키우는 데 조금이나마 도움을 줄 거예요. 꼭 마음으로 읽어 보세요.

- 전에 일어난 일을 잊지 않는 것은 훗날에 있을 일의 스승이다.   –사기

- 나는 내 다리의 안내를 맡은 경험이라고 하는 램프를 하나 가지고 있다. 따라서 나는 막연한 미래를 점치고 판단할 때 가장 좋은 방법은 지나온 과거를 참고로 삼는 것이라고 생각한다.   –패트릭 헨리

- 인간이 현명해지는 것은 경험에 의한 것이 아니고, 경험에 대처하는 능력에 따르는 것이다.   –버나드 쇼

- 경험이란 것은 당신에게 일어나는 것이 아니라 당신에게 일어난 것을 어떻게 대처하느냐 하는 것이다.   –올더스 헉슬리

- 강을 거슬러 헤엄치는 자가 강물의 세기를 안다.   –우드로 윌슨

이별의 슬픔으로 아픈 당신에게
힘이 되어 주는 명언 3가지

무엇이든 떠나보낼 준비가 되어 있어야 합니다. 사랑했던 사람을 놓아주지 않고 마음에 담아 두는 한 누구도 그 사람을 대신할 수 없다고 합니다. 다음 명언들로 이별로 아파하는 당신에게 위로를 드리고 싶네요.

- 아름다운 이별은 없습니다. 다만 아름답게 사랑한 후에는 좋은 추억이 남습니다. 소중한 추억을 남겨준 사랑에 감사합니다.

  –샤론 스톤(배우)

- 사랑에도 유효기간이 있다는 것, 그 자체가 사랑의 속성이었다. 우리는 사랑이 영원할 거라고 믿게 하는 것 자체가 이미 사랑이 가지고 있는 속임수라는 것을 알아차리지 못했다. 나만은 나는 다를 거라고, 우리의 사랑만은 다를 거라고 믿었다.

  –공지영, 「사랑 후에 오는 것들」中

- 한순간에 자신이 알고 있던 사람과 이별해야 하는 일은 매우 슬픈 일이다. 오랜 시간이 지나야 친구가 그 자리에 더 이상 존재하지 않는다는 사실을 스스럼없이 받아들일 수 있게 된다. 늘 함께했던 이와의 이별은 그것이 일시적인 것이라 할지라도, 늘 우리를 견딜 수 없게 한다.

  –오스카 와일드, 「잠언집」中

W 175

뿌린 대로 거둘 수 있다는 것을
알려 주는 명언 7가지

🖋 세상은 거울과도 같아서 내가 하는 대로 따라 한다고 합니다. 내가 웃으면 따라 웃고, 내가 칭찬을 하면 따라서 칭찬을 합니다. 당신은 거울 앞에서 어떻게 행동하고 있나요?

• 관계란 자신이 한 만큼 돌아오는 것이네. 먼저 관심을 가져주고, 먼저 다가가고, 먼저 공감하고, 먼저 칭찬하고, 먼저 웃으면, 그 따뜻한 것들이 나에게 돌아오지.

　　　　　　　　　　　　　　　　　　　　　　　　　　　-레이먼드 조

• 세상을 살아가는 데에는 한 걸음 양보하는 것이 뛰어난 행동이니 물러나는 것이 곧 나아가는 바탕이기 때문이다. 사람을 대할 때는 너그럽게 하는 것이 복이 되니, 남을 이롭게 하는 것이 실로 자신을 이롭게 하기 때문이다.

　　　　　　　　　　　　　　　　　　　　　　　　　　　-채근담

• 신의 경제학은 아주 간단하다. 자신이 준 만큼 받는 것이다. 이는 대가를 바라고 주는 것이 아니라 순수하게 베푸는 것을 말한다. 꼭 물질적인 면뿐 아니라 우리가 누리는 행복과 사람에 대한 친절 등을 위해서도 이 법칙을 이용하길 바란다. 바로 이것이 우리가 이뤄내야 할 진정한 성공이다.

　　　　　　　　　　　　　　　　　　　　　　　　　　　-나폴레온 힐

- 자신보다 남을 먼저 배려하는 사람이라는 명성을 얻으면 일종의 마법 같은 힘이 생긴다. 그 혜택은 이루 말할 수 없는 다양한 방법으로 자신에게 돌아오게 된다. 먼저 양보하고, 먼저 배려하는 사람이 결국 더 많은 것을 얻게 된다. —애덤 그랜트

- 내가 여러분에게 줄 수 있는 교훈이 하나 있다면 바로 그것이다. 무언가가 부족하거나 필요하다고 느낄 때마다 먼저 원하는 것을 주어라. 그러면 그것이 푸짐하게 돌아올 것이다. 이것은 돈과 미소, 사랑, 그리고 우정에 대해서도 같다. —로버트 기요사키, 「부자 아빠 가난한 아빠」中

- 사람을 사랑하되 그가 나를 사랑하지 않거든 나의 사랑에 부족함이 없는가를 살펴보라. 사람을 다스리되 그가 다스림을 받지 않거든 나의 지도에 잘못이 없는가를 살펴보라. 행하여 얻음이 없으면 모든 것에 나 자신을 반성하라. 내가 올바를진대 천하는 모두 나에게 돌아온다. —맹자

- 평화를 경험하고 싶다면 다른 이들에게 평화를 주십시오. 안전함을 느끼고 싶다면 다른 이들에게 안전함을 알게 해 주십시오. 이해할 수 없는 것을 이해하고 싶다면 다른 사람들이 더 잘 이해하도록 도와주십시오. 당신의 슬픔이나 노여움을 치유하고 싶다면 다른 사람의 슬픔이나 노여움을 치유하도록 노력하십시오. —달라이 라마

관계에서 무관심은 좋지 못하다는 명언 4가지

아는 만큼 보이고 보는 만큼 느낀다고 합니다. 그리고 관심이 없으면 아무것도 창조해내지 못하고 풍부해지지도 못한다고도 합니다. 이토록 무관심은 반성해야 할 과제인데요. 다음 명언들을 읽어 보고 그동안 무관심했던 일들에 관심을 가져 보세요.

- 나는 이제까지 땅을 사랑해 왔다. 땅은 언제나 인간보다 좋은 것이다. 인간은 일시적으로 겨우 소수의 사람밖에 관심을 가질 수 없을 것이다. ―어니스트 헤밍웨이

- 자기 동료들에게 관심이 없는 사람은 자기도 인생의 어려움을 당하고, 다른 사람에게 해를 입히는 사람이다. 인간의 모든 실패가 바로 이런 유형의 인물에서 비롯된다. ―작자 미상

- 주변 사람들에게 저지르는 가장 큰 죄는 그들에 대한 미움이 아니다. 무관심이야말로 가장 큰 죄다. 무관심은 비인간성을 대표하는 반인간적인 감정이다. ―버나드 쇼

- 그것에 대해서 자신이 관심이 있지 않은 사람은 아무것도 내가 무엇을 하지 못하도록 막지를 못했다. ―칼릴 지브란

위대한 긍정의 힘에 대한 명언 6가지

✎ 삶은 우리가 행하는 것들로 건축됩니다. 튼튼한 건물을 짓기 위한 유일한 건축재료는 긍정적인 행위입니다. 긍정의 위대한 힘을 느낄 수 있는 다음 명언들을 함께 공감해 볼까요?

• 99번 시도하고 실패했으나 100번째에 성공이 찾아왔다.

　　　　　　　　　　　　　　　　　　　　　　　　　　－알베르트 아인슈타인

• 할 수 있다고 생각하든 할 수 없다고 생각하든 당신이 옳다.

　　　　　　　　　　　　　　　　　　　　　　　　　　　　　－앤서니 로빈스

• 현실은 유한하나 가능성은 막대하다.　　　　　　　　　　　－라마르틴

• 언제나 더 나은 방법은 있기 마련이다.　　　　　　　　　－토머스 에디슨

• 모든 문제에는 숨겨진 보물이 있다. 당신이 할 일은 바로 그것을 찾아내는 것이다.　　　　　　　　　　　　　　　　　　　　　　　　　－작자 미상

• 나는 낙심하지 않는다. 모든 잘못된 시도는 전진을 위한 또 다른 발걸음이니까.　　　　　　　　　　　　　　　　　　　　　　　　　－토머스 에디슨

상대방의 말을 귀 기울여 듣게 되는 명언 5가지

의사소통에서 제일 중요한 것은 상대방이 말하지 않은 소리를 듣는 것입니다. 하지만 상대방의 말을 듣는 것이 먼저 훈련이 되어 있어야겠지요? 어떻게 하면 잘 들을 수 있을까요?

- 단순히 듣는 것이 아닙니다. 다른 사람의 감정을 받아들이고 그들에 대해 생각을 하는 것입니다. 그리고 나서 다시 자신으로 비추어 그들이 중요함을 당신에게 증명해 보이는 일입니다. —볼프강 R 슈미트

- 군자는 말을 잘하는 사람의 말에만 귀를 기울이지 않고 말이 서툰 사람의 말도 귀담아듣는다. —공자

- 상대방과 상담을 하는데 별다른 비결 같은 것은 없다. 그것은 단지 상대방의 이야기에 귀를 기울이는 것이다. 어떤 아첨과 칭찬도 이보다 더 큰 효과를 발휘할 수는 없다. —찰스 W. 엘피어트

- 어떤 칭찬에도 동요하지 않는 사람도 자신의 이야기에 마음을 빼앗기고 있는 상대에게는 마음이 흔들린다. —쟈크워드

- 모든 사람에게 너의 귀를 주어라. 그러나 너의 목소리는 몇 사람에게만 주어라. —윌리엄 셰익스피어

실패의 아픔을 위로하는
명언 6가지

누구나 실패를 경험합니다. 그러나 실패한 사람이 인생의 패배자는 아녜요. 무언가 해 보려고 노력하다가 실패하는 사람이 아무것도 하지 않고 성공하는 사람보다 훨씬 훌륭하지요. 우리 모두 실패를 경험하는 인생을 살아보는 것은 어떤가요? 결국, 성공이라는 결과가 당신의 발 앞에 놓일 테니까요.

• 시도했는가? 실패했는가? 괜찮다. 다시 시도하라. 다시 실패하라. 더 나은 실패를 해라. 　　　　　　　　　　　　　　　　　　　　－사뮈엘 베케트

• 기꺼이 시도했다가 비참하게 실패하고 다시 시도해 보지 않으면, 성공은 다가오지 않는다. 　　　　　　　　　　　　　　　　　－필립 애덤스

• 가장 주목할 만한 승자는 대개 가슴을 찢는 난관을 겪은 후에 승리하였음을 역사는 보여 주고 있다. 그들은 패배에 낙담하기를 거부하였기에 승리한 것이다. 　　　　　　　　　　　　　　　　　　　－B. C. 포브스

• 인생에 '실패'라는 것은 없다. '실패'란 단지 우리의 인생을 또 다른 방향으로 이끄는 삶일 뿐이다. 　　　　　　　　　　　　　　　－오프라 윈프리

• 성공하기까지는 항상 실패를 거친다. 　　　　　　　　　　　－미키 루니

• 성공만큼 큰 실패는 없다. 　　　　　　　　　　　　　－제럴드 내크먼

방법과 수단을 포착하는 능력을 키워주는 명언 4가지

어떤 일을 올바르게 인식하려면 그것을 행하는 법을 배워야 한다는 사실은 누구나 알고 있습니다. 이와 마찬가지로 훌륭한 삶을 살고자 할 때는 누구나 그 방법을 배워야 하는 법이니까요.

- 위인이나 천재의 영예를 측량하려면, 그 영예를 획득하기 위해 그들이 취한 수단과 방법에 관심을 두어야 할 것이다. ―라 로슈푸코

- 자신의 행동을 감시하고 평가하고 점검하라. '괜히 일을 어렵게 하는 것은 아닐까? 일하는 방법에 문제가 있는 것은 아닐까.' 한 번쯤은 고민해 보자. ―작자 미상

- 자기의 목적에 대한 수단을 알고 그것을 포착해 이용할 줄 아는지 모르는지에 따라 행복과 불행이 갈린다. ―요한 괴테

- 무엇인가를 하려고 할 때는 그 방법보다도 이유가 훨씬 중요하다. '왜' 그렇게 하고 싶은지를 확실히 알고 있다면, '어떻게' 그것을 하는가 하는 수단은 반드시 생각해 낼 수 있게 마련이다. ―디어도어 루빈

내일을 걱정하지 마세요

인디언 부족 중에는 '현재형'만 사용하는 부족이 있다고 합니다.
'잠에서 깬다', '사냥하러 간다', '먹는다', '배 부르다', '잔다'
이렇게 그들의 하루는 유유히 흘러가게 됩니다.
그들의 말에는 '과거형'도 없고, '미래형'도 없기에
걱정도 없다고 합니다.

성공의 비결(법칙)을 알려 주는 명언 4가지

"만약 당신이 인생에 성공하기를 바라거든 견인불발을 벗 삼고, 경험을 현명한 조언자로 하며, 주의력을 형으로 삼고, 희망을 수호신으로 하라."라는 말이 있습니다. 성공으로 가는 길이 막막하다면 다음 명언을 보면서 생각해 보세요.

- '인생에서 성공을 A라 한다면, 그 법칙을 A = X + Y + Z 로 나타낼 수 있다. X는 일, Y는 노는 것이다. 그러면 Z는 무엇인가? 그것은 침묵을 지키는 것이다.

  —알베르트 아인슈타인

- 성공계산법: 꿈에서 시작한다. 문제를 나누고 하나씩 풀어간다. 마음속으로 신나는 가능성을 곱한다. 행동을 시작하기 위해 부정적인 생각들을 모두 뺀다. 열정과 결의를 더한다. 그러면 목표달성을 답으로 얻게 될 것이다.

  —작자 미상

- 성공을 하려면 남을 떠밀지 말고, 또 제힘을 측량해서 무리하지 말고 제 뜻한 일에 한눈팔지 말고 묵묵히 나가야 한다. 평범한 방법이지만 이것이 성공을 가져다주는 것이다.

  —벤저민 프랭클린

- 인생에서 성공자가 되기 위한 조건은, 일에 대해서 나날이 흥미를 새롭게 할 수 있을 것과 일에 끊임없이 마음을 쏟는다는 것, 매일 무의미하게 지내지 않는다는 것이다.

  —윌리엄 라이언 펠푸스

나눔이 아름다움을 강조하는 명언 3가지

✒ 대개는 자신을 위해 돈을 쓴 사람이 더 행복하리라 생각하지만, 사실은 그 반대입니다. 이것을 경제학자들은 '베풂의 따뜻한 빛'이라고 하고, 심리학자들은 '돕는 자의 희열'이라고 합니다. 나눔은 얼마나 더 아름다울까요?

• 이익을 얻으면 그 이익은 누군가의 은혜에 의한 것이니 나 또한 은혜를 베풀어야 한다. 목표를 이룬 사람들은 '나눠야 더욱 넘치고 행복해진다'고 강조한다. ─주역

• 가장 광범위하게 퍼져 있는 오해는 '준다는 것은 무엇인가 빼앗기는 것, 희생하는 것'이라는 오해다. 주는 것은 가난해지는 것으로 생각한다. 그러나 주는 것은 잠재적 능력의 최고의 표현이다. 준다고 하는 행위 자체에서 나의 힘, 나의 부, 나의 능력을 경험한다. 고양된 생명력과 잠재력을 경험하고 매우 큰 환희를 느낀다. ─에리히 프롬, 「사랑의 기술」中

• 죽음을 앞두고 '더 일했어야 했는데'라고 말하는 사람은 없다. 그들은 모두 '다른 사람들을 좀 더 배려했더라면…. 더 많이 사랑하고, 더 마음을 썼어야 하는데….'라고 뒤늦게 깨닫고 후회한다. ─해럴드 쿠시너(랍비)

인내와 끈기가 있다면 성공에 다다를 수 있다는 명언 4가지

성공이라는 못을 박으려면 끈질김이라는 망치가 필요하다고 하였습니다. 당신의 손은 어떤 망치를 쥐고 있나요? 못을 박기에 아직 망치의 크기가 너무 작은 가요? 힘이 부족한가요? 다음 명언들이 망치에 힘을 보태줄 테니 꼭 읽어 보세요.

• 어떠한 일도 갑자기 이루어지지 않는다. 한 알의 과일, 한 송이의 꽃도 그렇게 되지 않는다. 나무의 열매조차 금방 맺히지 않는데, 하물며 인생의 열매를 노력도 하지 않고 조급하게 기다리는 것은 잘못이다.

—에픽테투스

• 하나의 작은 꽃을 만드는 데도 오랜 세월의 노력이 필요하다.

—윌리엄 블레이크

• 꾸준히 참는 사람에게는 반드시 성공이라는 보수가 주어진다. 잠긴 문을 한 번 두드려서 열리지 않는다고 돌아서서는 안 된다. 오랜 시간 동안 큰 소리로 문을 두드려 보아라. 누군가 단잠에서 깨어나 문을 열어 줄 것이다.

—롱펠로우

• 아이디어는 다이아몬드와 같다. 세공 과정을 거치지 않으면 더러운 돌일 뿐이지만, 불순물을 제거하면 보석이 된다.

—폴 컬리

가뭄 뒤엔 단비가 올 것이라는 명언 4가지

좋은 약이 몸에 쓰듯이 역경은 잠시 몸에 괴롭고 마음에 쓰지만 그것을 참고 잘 다스리면 많은 이로움을 얻을 수 있다고 합니다. 당신도 지금의 고통을 견디는 힘을 키워 보세요.

• 고통이 남기고 간 뒤를 보라! 고난이 지나면 반드시 기쁨이 스며든다.

—요한 괴테

• 괴로울 때가 있고, 혹은 즐거울 때가 있다. 이렇게 고락이 서로 만나고 교체하는 가운데 사람의 몸과 마음은 단련되어 가는 것이다.

—채근담

• 얼음장 밑에서도 고기는 헤엄을 치고, 눈보라 속에서도 매화는 꽃망울을 튼다. 절망은 희망의 어머니, 고통은 행복의 스승, 시련 없이 성취는 오지 않고, 단련 없이 명검은 날이 서지 않는다. 꿈꾸는 자여! 어둠속에서 멀리 반짝이는 별빛을 따라 긴 고행 길 멈추지 말라. 인생항로 파도는 높고, 폭풍우 몰아쳐 배는 흔들려도 한 고비 지나면 구름 뒤 태양은 다시 뜨고, 고요한 뱃길 순항의 내일이 꼭 찾아온다.

—문병란, 〈희망가〉 中

• 인내는 쓰지만 그 열매는 달다.

—장 자크 루소

역경과 고난을 극복한 뒤 단단해짐을
알려 주는 명언 3가지

컬린 터너는 "역경이란 피해갈 것도, 두려워해야 할 것도 아니다. 품에 안고 극복해야 하는 것이다."라고 했습니다. 당신은 현재 역경 속에 있나요? 그렇다면 다음 명언들이 위안을 줄 테니 꼭 마음으로 읽어 보세요.

- 새들은 바람이 가장 강하게 부는 날 집을 짓는다. 강한 바람에도 견딜 수 있는 튼튼한 집을 짓기 위해서다. 태풍이 불어와도 나뭇가지가 꺾였으면 꺾였지 새들의 집이 부서지지 않는 것은 바로 그런 까닭이다. 바람이 강하게 부는 날 지은 집은 강한 바람에도 무너지지 않지만, 바람이 불지 않은 날 지은 집은 약한 바람에도 허물어져 버린다.

  —정호승(시인)

- 나무에 가위질하는 것은 나무를 사랑하기 때문이다. 부모에게 꾸중을 듣지 않으면 똑똑한 아이가 될 수 없다. 겨울 추위가 한창 심한 다음에 오는 봄의 푸른 잎은 한층 푸르다. 사람도 역경에 단련된 후에야 비로소 제값을 한다.

  —벤저민 프랭클린

- 진주는 조개의 상처 때문에 생긴다. 조개 안에 모래알 같은 이물질이 들어오면 조개는 그것을 감싸기 위해 체액을 분비하는데, 그 체액이 쌓여 단단한 껍질을 이루어 진주가 된다. 진주는 상처의 고통을 영롱한 아름다움으로 승화시킨 결과다.

  —정호승(시인)

200가지 고민에 대한 마법의 명언

회피할 탈출구를 찾고 있는 당신이 읽어야 할 명언 5가지

🖋 도망갈 힘이 있다면 당당히 맞서도록 하세요. 도망갈 힘으로 싸운다면 지지 않을 테니까요. 충분한 힘과 용기가 없다면 다음 명언들이 도움이 되면 좋겠네요.

- 도망은 탈출구 자체를 목적으로 하지 또 다른 선택을 전제로 하는 것은 아니다. ―김해남

- 꿈은 도망가지 않는다. 도망치는 건 언제나 자신이다. ―짱구 아빠

- 나는 어떻게 살아가야 하는지를 배워왔습니다. 이 세상에서, 이 세상을 위해 어떤 사람이 될지…. 그리고 옆으로 피해가거나 구경만 하지도 않을 겁니다. 난 결코, 절대로 이 삶으로부터 도망치지 않을 겁니다. 물론 사랑으로부터도…. ―오드리 헵번

- 역경을 피해 도망친 곳에 낙원이란 없다. 포기여 나에게 오라, 내가 너를 포기시킬 것이니. 실패여 나에게 오라, 내가 너를 실패시킬 것이니. ―작자 미상

- 삶에서 도망친다고 평화를 얻을 수는 없다. ―버지니아 울프

언어로 표현할 수 없는 것들도 있다는 것을 알려 주는 명언 4가지

문자나 글로 의사를 전달하면 오해가 생기기도 합니다. 풍부한 표정과 연기는 언어 이상의 설득력이 있습니다. 진심을 전하고 싶다면 얼굴을 보고 대화를 나누세요.

- 철학은 언어의 실제적 사용을 어떤 방식으로도 손대면 안 된다. 철학은 그것을 결국 서술만 할 수 있다. 왜냐하면, 철학은 그것의 기초를 놓을 수 없기 때문이다. 철학은 모든 것을 있는 그대로 놓아두는 것이다.

  −비트겐슈타인

- 시(詩)를 다른 언어로 번역하고 싶어 하는 사람들이 제아무리 주의를 기울이고 재주를 발휘해도 그것을 원래의 의미 그대로 옮길 수는 없을 것이다. −세르반테스

- 풍부한 표정과 연기는 언어 이상의 설득력이 있다. 텔레비전이 왜 라디오보다 값이 비싼가를 보면 쉽게 해답이 나올 것이다. −홍서여

- 단어나 언어는 그것이 쓰이거나 말해질 때, 내 생각의 메커니즘 속에서는 어떤 역할도 하지 않는 것 같다. 생각에서 원소의 역할을 하는 것으로 보이는 유형의 실체들이야말로 명백한 기호이며, 임의로 재생되거나 결합할 수 있는 다소 뚜렷한 이미지다. −알베르트 아인슈타인

아첨, 아부를 일삼는 대화가 덧없음을
알려 주는 명언 6가지

아첨하는 사람의 목구멍은 열려진 무덤과도 같습니다. 때와 장소에 맞는 가치 있는 칭찬이 더 효과적입니다. 의미 없는 아첨은 쓸데없는 에너지 소모만 할 뿐이니까요. 다음 명언들을 읽고 자신의 모습을 돌이켜 보도록 하세요.

- 아첨은 병든 우정이다. —필로

- 진실성이 결여된 칭찬은 칭찬이 아니라 아첨일 뿐이다. —빅토르 위고

- 아부도 예술이어서 입에 발린 말은 적당한 선에서 자제해야 한다. 만일 한 여자를 보고 천사보다도 아름답다고 말한다면 그것은 아부의 극치이지만 상대방에게 도리어 불쾌감을 줄 수도 있다. —세르반테스

- "나는 아첨을 하는 일이 절대로 없다."고 다른 사람 앞에서 말하는 것도 하나의 아첨이다. 라 로슈푸코

- 높은 사람에게는 필요 이상의 아첨이나 지나친 솔직함보다 평범하고 무난한 태도가 더 현명하다. —라 퐁텐느

- 내게 아니라고 하고 옳음을 말해 주는 사람은 스승이고 아첨을 떠는 사람은 내 적이다. —순지

때로는 차분히 기다릴 줄도 알아야한다는 명언 5가지

길고 긴 기다림 끝에 계절은 무언가를 완성하고 감춰진 것을 무르익게 합니다. 그렇듯 신은 우리를 채찍이 아닌 시간으로 길들이지요. 다음 명언들과 함께 성공을 위한 기다림에도 익숙해져 보세요.

- 기다리는 것은 가장 공격적인 투자의 한 방법이다.   −김용삼

- 그 어떤 운명과도 맞부딪칠 심장을 지니고, 자꾸 이룩하고 자꾸 노력하며 기다리길 배우자꾸나.   −롱펠로우

- 기다릴 줄 아는 것이 성공의 제1의 비결이다.   −J. M. 메스트르

- 내년에 해야 할 일을 오늘 하려고 하면 고생은 두 배, 성과는 반밖에 되지 않을 것이다. 때가 올 때까지 기다려야 한다. 상황이 정리되기까지 기다려야 한다. 그렇게 하면 어렵지 않게 성공할 수 있다.

  −윈스턴 처칠

- 만사는 끈기 있게 기다리는 자에게 찾아온다.   −롱펠로우

계획의 필요성과 준비성을 일깨워 주는 명언 5가지

🖋 계획 없는 목표는 한낱 꿈에 불과합니다. 반면에 좋은 계획을 수립하는 것이야말로 좋은 결과를 낳는 지름길이지요. 당신은 어떤 계획을 세울 건가요?

- 조급한 마음으로 치밀한 계획도 없이 먼저 벽돌부터 쌓는다면 실패할 수밖에 없다. ―발타사르 그라시안

- 매일 하루 일과를 계획하고 그 계획을 실행하는 사람은 극도로 바쁜 미로 같은 삶 속에서 그를 안내할 한 올의 실을 지니고 있는 것이다. 그러나 계획이 서지 않고 단순히 우발적으로 시간을 사용하게 된다며 곧 무질서가 삶을 지배할 것이다. ―빅토르 위고

- 나는 전투를 준비하면서 계획은 무용하나 계획하는 것은 꼭 필요함을 항상 발견해왔다. ―드와이트 데이비드 아이젠하워

- 계획하지 않는 것은 실패를 계획하는 것과 마찬가지다. ―에피 닐 존스

- 좋은 계획을 수립하는 것이야말로 좋은 결과를 낳는 지름길이다. ―고바야시 마사히

전진하면 성공이 보이는 명언 4가지

✒ 인간은 때때로 잘못을 범하면서도 전진합니다. 때로는 미끄러져 뒷걸음질 치는 일이 있을지라도 완전히 한발 후퇴하는 일은 결코 없습니다. 당신의 발은 전진하고 있나요, 후퇴하고 있나요?

• 생활은 곧 전진을 의미한다. 비록 짧은 삶이라도 그가 전진하고 활동하지 않는다면 정신적으로 늙어빠진 사람이다. 비록 늙은 사람이라도 늘 향상과 전진을 위하여 활동하고 있다면 그 생명은 신선하고 젊은 것이다.

-알랭

• 거북을 보라. 그것은 머리를 내밀 때마다 전진한다.

-제임스 브라이언트 코난트

• 나는 천천히 걸어가는 사람입니다. 그러나 뒤로는 가지 않습니다.

-에이브러햄 링컨

• 철학자들이 이미 언급한 것처럼, 인생은 반성이 필요하다는 말은 전적으로 사실이다. 그러나 그들은 이 사실을 몰랐다. 사람은 전진해야 한다는 사실을 말이다.

-키에르케고르

인내하는 습관을 키운다면
인생을 승리로 이끌어줄 명언 5가지

충분히 오랫동안 고수하기만 하면 원하는 어떤 것이든 할 수 있다고 합니다. 당신은 원하는 것을 얻기 위해 원하는 것이 되기 위해 얼마나 인내하고 노력했나요?

- 끈기의 습성이야말로 승리의 습성이다.

  −하버트 코프먼

- 어떤 분야에서든 성공과 가장 큰 상관관계를 갖는 한 가지 품성과 개인적 자질을 꼽아야 한다면 나는 끈질김과 결단력을 꼽고 싶다. 끝까지 해내려는 의지, 일흔 번 KO 당해도 다시 일어서서 "자 일흔한 번째에 들어가 볼까." 라고 말하는 굳센 의지야말로 모든 것이다.

  −리처드 M. 디보스

- 많은 사람이 인내를 통해 확실한 실패를 이룰 게 분명해 보이는 것에서 성공을 끌어낸다.

  −벤저민 디즈레일리

- 인내와 끈기와 피나는 노력은 성공을 안겨주는 무적불패의 조합이다.

  −나폴레온 힐

- 탁월한 성취 뒤에는 언제나 끈덕지게 버티는 힘이 숨어 있는 법. 버텨라. 끝내 버티면 이긴다.

  −앤드류 매뉴스

눈앞의 현실을 직면해야하는 이유에 대한 명언 4가지

일상생활에서 어려움에 직면하게 되면, 그 어려움이 장애물이라 생각하지 말고 일종의 도전이라고 생각해야 합니다. 아이는 수천 번 넘어지고 나서야 걷는 법을 배운다고 하지요. 당신도 걸음마를 배우는 마음으로 도전하세요.

- 오로지 현실을 직면하라. 새로이 방도를 고쳐 세우고 흐트러진 힘을 정리하여 곧은 한길을 전진할 따름이다.

  −C. M. 브리스톨

- 아무리 어려워 보이는 관계일지라도 마주하는 것을 회피하고 뒤로 미뤄서는 안 돼.

  −고가 후미타케 기시미 이치로, 「미움받을 용기」 中

- 두려움에 직면하게 되는 모든 경험을 통해 당신은 힘과 용기, 그리고 자신감을 얻게 된다. 그러므로 절대 해낼 수 없을 거로 생각하는 일들을 해야 한다.

  −엘리너 루스벨트

- 문제를 직면한다고 해서 다 해결되는 것은 아니다. 그러나 직면하지 않고서 해결되는 문제는 없다.

  −제임스 볼드윈

거절이 나쁜 것만이 아님을 말해 주는 명언 4가지

✒ 거절에 익숙한 사람이 과연 몇 명이나 될까요? 당신은 익숙한가요? 그런데 오랜 약속보다 당장의 거절이 낫다고 합니다. 거절이 어렵다면 다음을 읽어 보고 연습해 보세요.

• 배우는 거부당하기 위해 헤맨다. 거부당하지 않으면 스스로를 거부한다.

　　　　　　　　　　　　　　　　　　　　　　　　　　－찰리 채플린

• 진정으로 자유로운 사람은 변명하지 않고 저녁식사 초대를 거절할 수 있는 사람이다.

　　　　　　　　　　　　　　　　　　　　　　　　　　－쥘 르나르

• 무엇이 옳은 것인지 스스로 결정을 내려야 한다. 죄책감 없이 거절을 할 수 있게 된다면, 우리는 인생을 확실히 자신의 것으로 만들 수 있다.

　　　　　　　　　　　　　　　　　　　　　　　　　　－앤드류 매튜스

• 거절을 두려워 말라. 오히려 거절을 당하라. 거절 때문에 사랑을 표현하지 않는다면 아무런 변화도 가져올 수 없다.

　　　　　　　　　　　　　　　　　　　　　　　　　　－홍성묵

꿈을 실현하게 해 주는 끈기와 인내의 명언 4가지

🖋 힘은 승리에서 나오지 않으며 분투가 힘을 키웁니다. 곤경을 겪어도 굴복하지 않으리라 결심하는 것, 그것이 바로 힘이 됩니다. 당신의 힘의 근원은 어디에 있나요?

• 리더는 타고나는 것이 아니라 만들어지는 것이다. 리더 역시 세상의 다른 것과 마찬가지로 노력으로 만들어진다. 노력은 언제나 목표를 이루기 위해 우리가 치러야 하는 대가이다. ─빈스 롬바르디

• 꿈을 향해 대담하게 나아가고 상상한 삶을 살기 위해 노력하면 평범한 시기에 뜻밖의 성공을 접하게 될 것이다. ─헨리 데이비드 소로우

• 끈기를 대신할 수 있는 것은 없다. 재능도 아니다. 재능이 있는 데도 성공하지 못한 사람은 세상에 널렸다. 천재성도 아니다. 버림받은 천재성이란 말도 있지 않은가. 교육도 아니다. 세상은 교육받은 낙오자로 가득 차 있다. 끈기와 결단력만이 모든 것을 가능케 한다. ─캘빈 쿨리지

• 모든 것에서 성공한 사람과 실패한 사람 사이의 궁극적인 차이는 인내다. 위대한 사람들은 모두 무한한 인내심을 가지고 있다. 아직 힘은 약하지만 인내심이 많은 사람은 힘은 있으나 조급한 사람을 반드시 이긴다. ─존 러스킨

양보하는 태도를 길러주는 명언 3가지

🖋 사업 동료인 상대에게 이익이 없다면 내게 돌아올 이익도 없습니다. 다른 사람이 먼저 이익을 얻도록 양보해야 마지막에는 나도 큰 이익을 얻을 수 있습니다. 항상 상대방의 이익을 먼저 생각하고 양보하는 마음을 갖도록 하세요.

• 비즈니스에서 '51대 49의 법칙'이 있다. 이익을 분배할 때는 내가 49를 갖고 상대방에게 51을 주면 나는 비록 1을 양보하지만, 상대방은 2를 받았다고 생각한다. 조금만 양보하면 상대방은 내가 준 것보다 많이 받았다고 생각하는 것이다. 인맥을 맺을 때 기억해야 할 가장 중요한 법칙이다.　　　　　　　　　　　　　　　　　　　－이금룡, 「고수는 확신으로 승부한다」中

• 벼랑길 좁은 곳에서는 한 걸음 양보하여 남이 먼저 가게 할지니, 맛 좋은 음식은 세 푼(三分)을 덜어 남에게 양보하여 즐기게 하라. 이것이 곧 세상을 사는 안락한 방법이니라.　　　　　　　　　　　　　　　　　　－채근담

• 쓸데없는 고집을 부리는 것보다 겸손하고 양보하는 마음을 가져야 한다. 이것은 인격을 쌓는 데에 절대로 필요한 것이며 마음의 양심이 되는 것이다. 그러나 무슨 일이든 생각하지도 않고 양보하는 것은 어리석은 행동이다.　　　　　　　　　　　　　　　　　　　　　　　　－존 러스킨

나를 견딜 수 있게 해주는
명언 5가지

✎ 당신은 어떤 고통을 겪고 있나요? 세상에는 언제나 고통이 있지만 일단 견뎌내기만 하면 모든 것이 경이로움으로 가득 차게 된다고 합니다. 고통스럽다고 포기할 건가요? 아니면 견디고 경이로움을 느껴 볼 건가요?

• 가장 잘 견디는 사람은 가장 잘 성취할 수 있다.   —존 밀턴

• 불만은 생활에 독을 섞어 넣는다. 참고 견디는 것은 생활에 시적인 정취와 엄숙한 아름다움을 준다.   —앙리 프레데리크 아미엘

• 존재한다는 것은 어떤 뜻에서는 견딤이다. 의지할 것도, 전폭적인 신뢰도, 완벽한 상호이해도 상실되었다 느끼면서 존재하기를 지속하는 것은 결코 쉬운 일이 아니다.   —무라카미 하루키, 「바람의 노래를 들어라」中

• 삶은 견뎌내기 힘들다. 그러나 그토록 연약한 언동을 삼가라. 우리 모두는 짐을 질 수 있는 귀여운 암수 나귀들이 아닌가.

       —프리드리히 니체, 「차라투스트라는 이렇게 말했다」中

• 노력이 지겨워질 때조차 한 걸음 더 나아가도록 자신을 독려할 수 있는 사람이 승리를 거머쥔다.   —로저 베니스터

우리의 특권과도 같은 언어에 대한 명언 4가지

사람만이 누릴 수 있는 특권은 언어가 있다는 것입니다. 하지만 언어의 한계는 자신의 세계의 한계를 의미하기도 합니다. 이 특권과도 같은 언어를 어떻게 사용하면 좋을까요?

• 깊이 생각하라. 그리고 말하라. 그러나 사람들이 듣기 싫어하기 전에 중단하라. 인간은 언어를 가지고 있기 때문에 동물보다 고귀하다. 그러나 그 언어를 부당하게 사용한다면 인간은 짐승보다 낮은 것이다.

―시아디

• 가장 곤란한 것은 모든 사람이 생각하지 않고 나오는 대로 말하는 것이다.

―알랭

• 누구도 자기가 하는 말이 다 뜻이 있어서 하는 것이 아니다. 그런데도 자기가 뜻하는 바를 모두 말하는 사람은 거의 없다.

―H. 애덤즈

• 문장은 거기에 쓰이는 언어의 선택으로 결정된다. 평소에 쓰이지 않는 말이나 동료들끼리만 통하는 표현은 배가 암초를 피하는 것처럼 피해야 한다.

―율리우스 카이사르

'가르침'에 대한 방법을 알려 주는 명언 4가지

상대가 어린아이처럼 어리고 유치한 행동을 한다면 가르치는 쪽도 역시 어리고 유치한 태도로서 해야 한다고 합니다. 절대 무리하게 해서는 안 된다는 의미이지요. 다음 명언들을 읽고 요령을 익혀 보세요.

• 가르침을 줄 때는 짧게 하라. 그러면 사람들은 그 교훈을 재빨리 이해 하고 기억할 것이다. 필요 없는 말은 이미 가득 찬 술잔에 계속해서 따 르는 포도주와 같다. —작자 미상

• 자식에게 물고기를 잡아 먹이지 말고, 물고기를 잡는 방법을 가르쳐 주라. —탈무드

• 아이들을 가르친다는 것은 어떠한 것인가. 그것은 백지에 무엇을 그 리는 것과 같은 것이다. 노인에게 가르친다는 것은 어떠한 것과 같은 것일까. 이미 많이 쓰인 종이에 여백을 찾아서 써넣으려고 하는 것과 같은 것이다. —탈무드

• 사람을 가르칠 때는 그 사람이 눈치채지 못하게 가르치고, 새로운 사 실을 제안할 때는 마치 잊어버렸던 것이 생겨난 듯이 제안하라.

—알렉산더 포프

인생의 방향 설정이 중요하다는 명언 4가지

세상에 아름다운 꽃은 수만 가지가 넘고 개화하는 계절과 피어나는 속도도 제각각이라고 합니다. 또한, 인생은 속도의 문제가 아니라 방향성의 문제이고 열매의 문제이기도 하지요. 당신은 어떤 방향으로 발을 내딛을 건가요?

• 이 세상에서 중요한 것은 현재 어디에 있느냐는 것보다는 오히려 어느 쪽으로 가고 있느냐는 데 있다. 목적항에 닿을 때까지 어떤 때는 순풍을 타고, 때로는 역류를 만나 항해해야만 한다. 그러나 어떻게 하든 앞으로 나아가야 하며, 표류해서도 정박해서도 안 된다.

―올리버 웬델 홈즈

• 길을 걸어가려면 자기가 어디로 향하는지를 알아야 한다. 합리적이고 선량한 생활을 영위하려는 경우도 마찬가지다. 자기와 그리고 타인의 생활을 어디로 이끌어 가고 있는지 알아야 한다. ―레프 톨스토이

• 이 세상에서 가장 중요한 것은 내가 어디에 서 있느냐가 아니라, 어느 방향으로 가고 있느냐이다. ―요한 괴테

• 방향이 잘못되면 속도는 무의미하다. ―마하트마 간디

200가지 고민에 대한 마법의 명언

걱정인형처럼 내 고민을 털어놓는 책

개정판 1판 1쇄 발행 │ 2021년 2월 8일
개정판 1판 3쇄 발행 │ 2025년 2월 1일

지은이 │ 이서희
기획편집총괄 │ 호혜정
편집 │ 이지영
기획 │ 김소희
표지·본문 디자인 │ 김민정
교정·교열 │ 호혜정 김민아

펴낸곳 │ 리텍 콘텐츠
주소 │ 서울시 용산구 원효로162 세원빌딩 606호
전화 │ 02-2051-0311 **팩스** │ 02-6280-0371
홈페이지 │ http://www.ritec.co.kr
블로그 │ NAVER [책속의 처세]
카카오스토리채널 │ [책속의 처세]
ISBN │ 979-11-86151-44-0

상상력과 참신한 열정이 담긴 원고를 보내주세요. 책으로 만들어 드립니다.
원고투고: ritec1@naver.com